지구를 위협하는

바이러스

지구를 위협하는 바이러스

초판 1쇄 발행 2022년 06월 23일
초판 2쇄 발행 2025년 11월 03일

글 김일옥 **그림** 토리
발행처 주식회사 스푼북 **발행인** 박상희 **총괄** 김남원
편집 길유진 박선정 이민주 이지은
디자인 권수아 정진희 **마케팅** 박병건 구혜정
출판신고 2016년 11월 15일 제2017-000267호
주소 (03993) 서울시 마포구 월드컵북로6길 88-7 ky21빌딩 2층
전화 02-6357-0050(편집) 02-6357-0051(마케팅)
팩스 02-6357-0052 **전자우편** book@spoonbook.co.kr

ISBN 979-11-6581-367-3 (73900)

제품명 지구를 위협하는 바이러스
제조자명 주식회사 스푼북 | **제조국명** 대한민국 | **전화번호** 02-6357-0050
주소 (03993) 서울시 마포구 월드컵북로6길 88-7 ky21빌딩 2층
제조년월 2025년 11월 03일 | **사용연령** 8세 이상
※ KC마크는 이 제품이 공통안전기준에 적합하였음을 의미합니다.

⚠ 주 의
아이들이 모서리에 다치지 않게 주의하세요.

지구를 위협하는

바이러스

글 김일옥 | 그림 토리

스푼북

차례

세계사를 바꾼 박테리아와 바이러스

지구에는 약 82억 명의 사람들이 살고 있어요. 지금으로부터 약 100년 전(1920년대)에는 20억 명, 200년 전에는 10억 명이었어요. 요즘 우리나라에서는 출산율이 낮아져서 고민이라지만 20세기 이후 전 세계의 인구는 가파르게 늘어나고 있어요. 과학 기술의 발달과 획기적인 의료 기술 덕분이지요.

이처럼 인류는 점점 번성하고 있는데, 다른 수많은 생명체는 급속히 사라지고 있어요. 미국 국립과학원회보(PNAS)에 따르면 지난 100년간 최소 543종의 육지 척추동물이 사라졌다고 해요. 문명 발전의 방향을 바꾸지 않는다면 지구에서 사라지는 생명체들은 더 늘어날 거예요. 이러다가 인간도 사라지는 건 아닐까요? 공룡이 사라졌듯 인류도 멸망할 수 있어요. 만약 그렇게 된다면 그 원인은 무엇일까요? 우주에서 날아온 운석이 지구와 충돌해서? 핵폭발이나 기후 변화로?

인류 멸망에 관한 여러 가지 시나리오가 있지만, 역사적 사실을 바탕으로 한 추측도 있어요. 인류의 역사를 살펴보면 실제로 많은 사람들이 한꺼번에 죽었던 시기를 찾을 수 있어요. 바로 전염병 때문이었지요. 전염병 때문에 인류가 멸망한다니, 불과 몇 년 전이었다면 "예전에 의료 기술이 발달하지 않았을 때야 그렇지, 지금처럼 문명이 발달한 때에 어떻게 그런 일이 있겠어."라고 말했을지도 몰라요. 하지만 코로나바이러스감염증19로 팬데믹* 을 겪은 지금은 전염병 때문에 인류가 멸망할 수도 있겠다는 생각이 듭니다.

병의 원인이 무엇인지, 어떻게 치료해야 하는지 몰랐던 과거에는 속수무책으로 많은 사람이 죽었고(전쟁보다 전염병으로 죽는 경우가 더 많았어요.), 그로 인해 한 나라가 없어지고 문명이 사라지기도 했어요. 하지만 인류 멸망까지는 아니었어요. 그냥 어떤 지역의 한 나라가, 그들의 문명이 사라졌을 뿐이지요.

그러나 오늘날에는 인류 전체가 사라질 수도 있어요. 모두가 연결된 세계에 살고 있기 때문이지요. 바이러스의 전파력이 너무 강하고 치사율이 높아서 한꺼번에 환자들이 늘어나서 의료 시스템이 무너진다면 어떻게 될까요? 물론 일반적으로 전파력이 높으면 치사율이 낮고, 치사율이 높으면 전파력이 낮아요. 하지만 이런 질병이 생기지 않는다는 확신은 어디에도 없어요. 2018년 세계

---

*팬데믹: 세계적으로 전염병이 대유행하는 상태를 의미하는 말로, 세계보건기구의 전염병 경보 단계 중 최고 위험 등급에 해당된다.

보건기구(WHO)에서도 인류를 위협할 미지의 질병 X에 대해 경고를 했었지요. (코로나19가 질병 X는 아니에요. 우리는 코로나19를 잘 극복해 낼 거예요.)

오늘날 우리는 주로 도시에서 모여 살고, 이동 속도도 매우 빨라요. 전염병이 확산되기에 아주 좋은 조건이지요. 치사율이 높고 전파력도 강한 새로운 바이러스가 비행기를 탄다고 생각해 보세요. 아프리카까지 혹은 남극까지 몇 시간이면 도달할까요? 오늘날 바이러스의 전염 속도는 비행기 속도와 같아요. 79억 명의 사람들이 순식간에 사라질 수도 있어요. 바이러스는 이런 끔찍한 일을 할 수 있는 미생물이랍니다.

그런데 우리는 이렇게 무시무시한 미생물에 대해 아는 게 별로 없어요. 미생물의 존재를 알게 된 것도 19세기 현미경이 등장한 이후였지요. 우리가 몰랐을 뿐이지 사실 미생물은 아주 오래전부터 우리와 함께 살아왔어요. 정확하게 말하자면 지구의 그 어떤 생명체보다 먼저 지구에 나타나 생명의 터전을 마련해 주었지요. 광합성 세균이 지구에 산소를 만들어 많은 생명체가 탄생했고, 가장 마지막에 호모 사피엔스 사피엔스라는 현생 인류가 지구에 등장했어요. 하지만 그때의 인류는 아마도 질병으로 고생하지는 않았을 거예요. 오랜 진화를 거쳐 미생물과 고등 생물은 기생 생물과 숙주 또는 상호 공생이라는 적당한 관계를 유지하면서 함께 살아왔으니까요.

인간과 미생물의 관계도 그랬어요. 미생물들은 자신들이 좋아하는 영역에서 잘 벗어나지 않거든요. 그런데 오랜 진화로 쌓아 올린 적절한 관계를 인간이 깨뜨렸어요. 인간의 활동이 미생물과의 관계를 변화시킨 거지요. 그러자 미생물도 인간의 역사에 변화를 주기 시작했어요. 전쟁의 판도를 바꾸고, 한 나라의 멸망을 가져오기도 하고, 문명의 축도 이동시켰지요.

눈에 보이지도 않는 그 작은 생명체들이 어떻게 인류 역사의 흐름을 변화시켰을까요? 그리고 앞으로 우리는 미생물들과 함께 어떤 역사를 쓰게 될까요?

미생물은 너무 작아 우리 눈으로는 볼 수 없는 생물이에요. 곰팡이, 세균(박테리아), 바이러스가 대표적인 미생물이지요. 세균은 현미경을 통해 볼 수 있고, 바이러스는 전자 현미경이 있어야만 볼 수 있어요. 미생물이 유기물을 분해하는 과정에서 사람에게 좋은 물질이 만들어지는 작용을 '발효'라고 하고, 악취나 질병을 일으키는 물질이 발생하는 현상을 '부패'라고 해요. 대표적인 발효 식품으로 술, 치즈, 김치, 요구르트가 있지요. 고약한 냄새가 나는 부패도 꼭 필요해요. 유기물을 분해하는 과정인 부패가 일어나지 않으면 지구는 온통 시체로 가득할 거예요.

미생물의 모양은 무척 다양해요. 주로 동그랗거나 막대기 같거

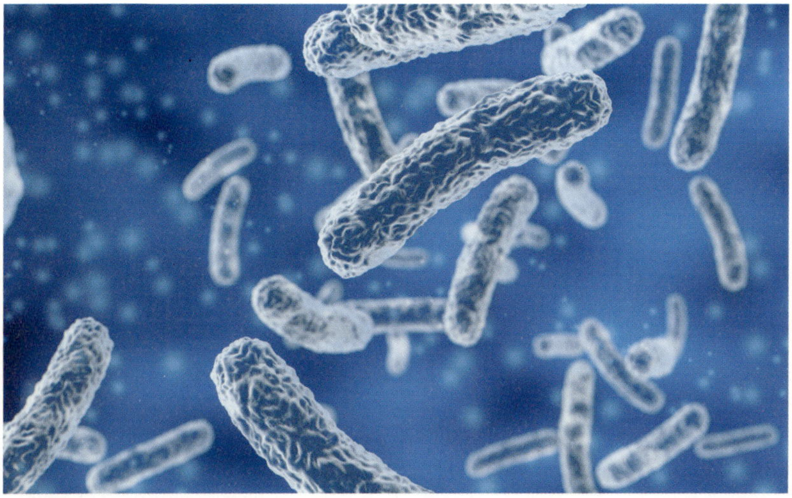
▲미생물

나 꼬리가 있거나 실처럼 생기기도 했지요. 그만큼 종류가 많아요. 대부분이 사람에게 아무런 영향을 끼치지 않는데, 생물에게 병을 일으키는 미생물도 있어요. 그런 미생물을 병원체라고 하는데 대개 박테리아나 바이러스들이지요.

이 책에서는 세계 역사를 바꾼 박테리아와 바이러스에 대해 살펴볼 거예요. 전쟁의 승패를 뒤바꾸고, 찬란했던 문명을 멸망으로 이끈 미생물 이야기 속으로 함께 떠나 보아요.

세계사 이모저모_미생물을 발견한 사람들

응? 물속에 뭔가가 있네!

로버트 훅

화학자이자 물리학자. 1665년 코르크 조각을 현미경으로 관찰하던 중 세포벽을 처음으로 발견했어요. 로버트 훅은 작은 방과 같은 모양으로 이루어졌다고 하여 세포(Cell)라고 이름을 지었습니다.

▲로버트 훅의 현미경

▲로버트 훅

신기하게 생겼네! 눈으로 안 보이니까 내가 그림으로 그려서 영국 왕립협회에 보여 줘야지.

안톤 판 레이우엔훅

현미경 학자이자 박물학자. 270배로 확대할 수 있는 현미경을 만들었어요. 레이우엔훅은 자신이 만든 현미경으로 미생물을 발견하고 관찰하여 영국 왕립협회에 알렸습니다.

▲레이우엔훅의 현미경

▲복제품

▲안톤 판 레이우엔훅

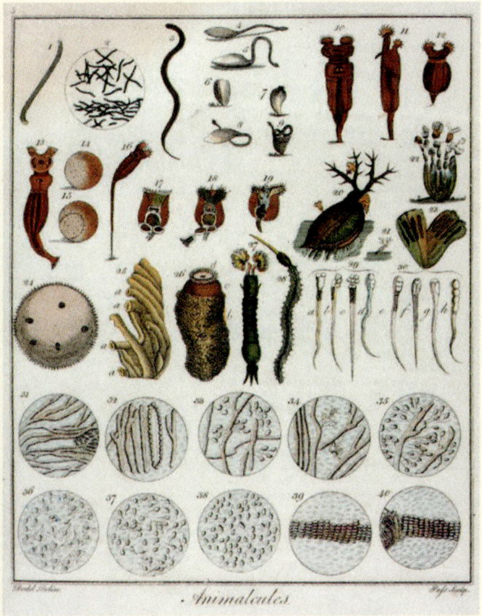

▲안톤 판 레이우엔훅의 미생물 세밀화

생물은 자연 발생하는 게 아니라 어버이 생물로부터 발생한다!

루이 파스퇴르

미생물학자. 1862년 파스퇴르는 백조의 목처럼 구부러진 백조목 플라스크

▲루이 파스퇴르

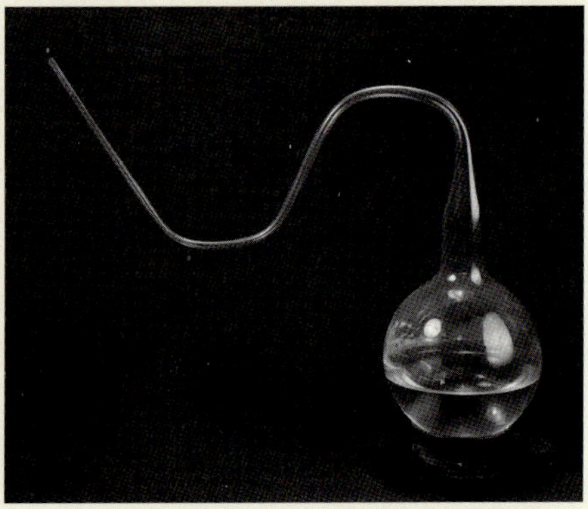

▲백조목 플라스크

를 이용해 미생물을 하나씩 분리하고, 배양하는 데 성공했습니다. 그는 이 실험을 통해 생물이 저절로 생겨나는 게 아니라 어버이 생물로부터 발생한다는 것을 증명했어요. 또한 포도주를 상하게 하는 미생물을 찾아내고, 포도주의 부패를 막는 '저온살균법'을 개발했답니다.

소가 죽은 게 미생물 때문이구나!

로베르트 코흐

▲로베르트 코흐

▲로베르트 코흐 연구소

의사이자 미생물학자. 질병을 일으키는 건 세균이고, 각종 전염병에는 특정한 병원균이 있다고 주장했어요. 각 질병을 유발하는 병원균만을 분리하여 독립적으로 배양해 냈고, 이 실험을 통해 탄저균, 결핵균, 콜레라균 등을 발견했습니다. 결핵균의 발견으로 1905년 노벨 생리·의학상을 받았어요.

세균을 죽이는 물질이 있다니!

알렉산더 플레밍

미생물학자. 1928년 푸른곰팡이를 이용하여 세균을 없애는 '페니실린'을 만들었어요. 병원균을 죽여서 상처가 곪거나 썩는 것을 막은 페니실린의 발견은 수많은 생명을 살렸고, 플레밍은 그 공로를 인정받아 1945년 노벨 생리·의학상을 받았습니다.

▲알렉산더 플레밍이 받은 노벨상 메달

▲알렉산더 플레밍

세균보다 더 작은 병원체도 있구나!

드미트리 이바노프스키

식물학자. 드미트리 이바노프스키는 담배 모자이크병을 일으키는 균을 찾던 중 1892년 담배 모자이크 바이러스를 발견했어요. 이것은 최초의 바이러스 발견으로 기록되었답니다.

▲드미트리 이바노프스키

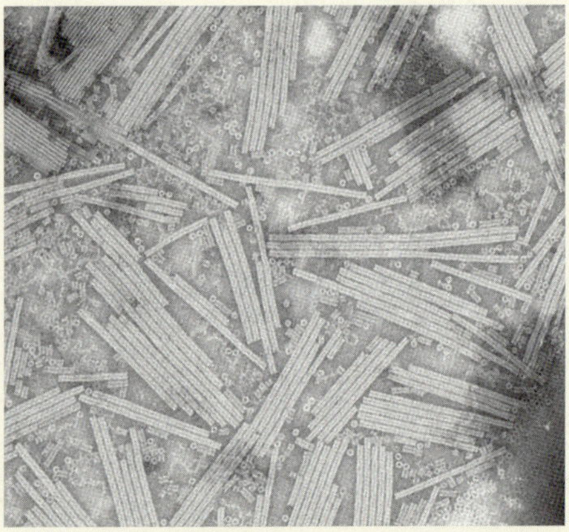

▲담배 모자이크 바이러스

앞으로 이 병원체를 바이러스라고 부르겠어!

마티너스 바이어링크

▲마티너스 바이어링크

식물학자이자 미생물학자. 담배 모자이크병을 일으키는 생물이 세균보다 훨씬 작고 단순할 것이라는 가설을 세우고 이 병원체에 '바이러스'라는 이름을 붙였습니다.

세상의 모든 병원균을 없애야겠어!

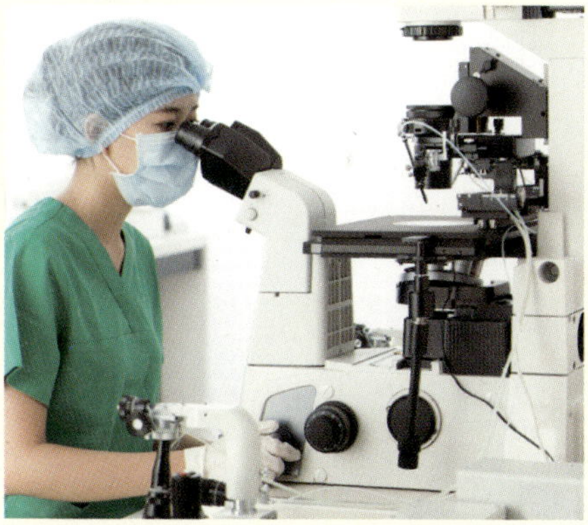
▲전자 현미경

1939년 최초의 상용화된 전자 현미경이 등장하면서 바이러스의 실체가 확인되기 시작했어요. 미생물 연구가 활발해져 1960년대에는 지구 곳곳에서 새로운 미생물을 발견했고, 세계 각국의 연구소에서 수많은 항생제와 항암제, 치료제를 만들었어요. 이것은 오늘날 바이오산업*과 제약 산업의 기초가 되었답니다.

---

*바이오산업: 유전자의 재조합이나 세포 융합, 핵 이식 따위의 생명 공학을 이용하여 새로운 약품 및 품종, 경제성이 있는 물질 따위를 개발하는 산업.

1. 펠로폰네소스 전쟁의 승패를 결정한 전염병

아테네와 스파르타는 고대 그리스를 대표하는 도시 국가예요. 고대 그리스는 우리가 알고 있는 지금의 나라와는 조금 달라요. 한 나라에 한 명의 왕이 다스리는 형태가 아니라 도시 국가들이 모여 만들어졌지요.

아테네와 스파르타는 같은 도리스인들이었지만 살고 있는 지형이 다른 만큼 서로의 생활과 문화도 달랐어요. 평지가 거의 없었던 산간 지대의 아테네는 일찍부터 해상 무역에 힘을 쏟았지요. 약탈과 무역을 통해 부를 쌓았고 혈통이 아니라 재산에 따라 네 개의 시민 계급으로 나누었어요. 지배층이라 할 수 있는 시민을 다시 재산에 따라 나눈 것은 전쟁 때 사용하는 무기를 모두 자비*로 구입해야 했기 때문이에요. 전쟁에 참여해야 전리품도 획득하고 재산도 불릴 수 있었지요. 중요한 사안에 대해 발언하거나 선거를 할 수 있는 시민권은 전쟁에 참여할 수 있는 권리와도 같

---

*자비: 필요한 비용을 자기가 부담하는 것.

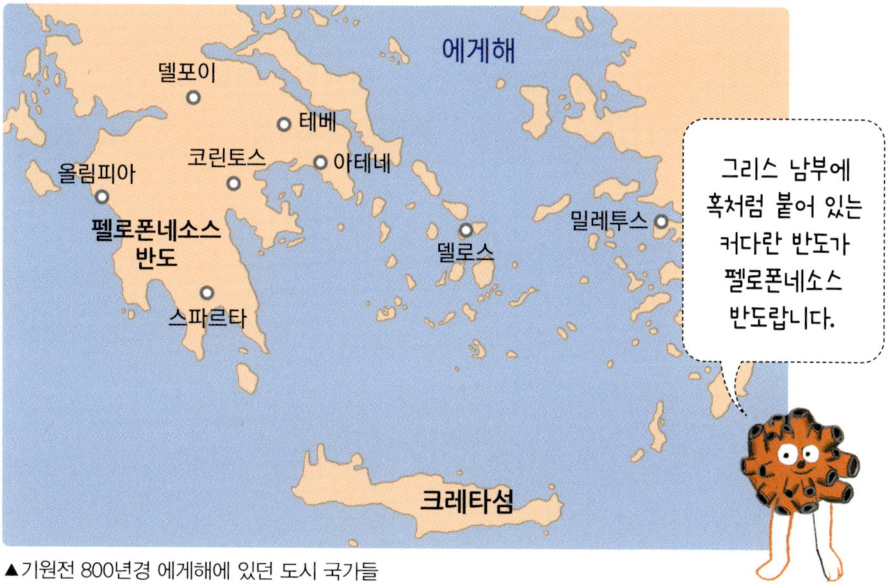

▲기원전 800년경 에게해에 있던 도시 국가들

았어요.

반면 스파르타는 나름 넓은 평야가 있어 자급자족이 가능했어요. 하지만 농사를 지으려면 노예가 많이 필요했지요. 소수의 시민이 다수의 노예를 지배하기 위해서는 압도적인 힘이 있어야 했어요. 그래서 스파르타의 시민들은 누구나 어릴 적부터 단체 생활을 통해 금욕과 절제를 배우면서 엄청난 군사 훈련을 받았다고 해요.

그리스의 도시 국가들은 당시 세계 최강대국인 페르시아가 그리스로 쳐들어온다고 하자 서로 힘을 모아 같이 싸우기로 했어요. 아테네와 스파르타가 앞장서서 연합 군대를 이끌었지요. 세번에 걸친 페르시아와의 전쟁에서 그리스 연맹군은 정말 멋지게 적을 막아 냈어요. 마라톤 전투, 테르모필레 전투,* 살라미스 해전 등이 세계사에 이름을 남겼지요. 전쟁에서 패배한 페르시아는 더 이상 지중해로 영토를 확장하지 못했고, 그리스는 지중해의 패권을 움켜쥐게 되었답니다.

그런데 지중해 무역으로 만들어진 권력과 부를 그리스 전체가 골고루 나눠 가진 건 아니었어요. 어느 순간부터 모든 게 아테네를 중심으로 움직였지요. 아테네는 지금은 비록 페르시아가 물러갔지만 언제 또다시 쳐들어올지 모른다면서 여러 폴리스와 함께 '델로스 동맹'을 맺었어요. 델로스섬에 본부를 설치하고 동맹의 기금도 관리하면서 정기적으로 회의도 열었지요. 처음에는 동맹에 참여한 각 폴리스들이 공평하게 투표권을 행사했지만 점차 아테네로 모든 권력이 집중되기 시작했어요. 그러다가 기원전 454년에는 델로스 동맹의 본부와 금고가 아테네의 파르테논 신전으로 옮겨 오게 되었지요. 점차 델로스 동맹의 여러 도시는 아테네의 속국이 되어 버리는 듯했어요. 이러한 델로스 동맹을 성사시키고 아테네로 권력을 집중시킨 사람은 최고의 정치 지도자라고 불리는 '페리클레스'였어요.

---

*기원전 480년 스파르타의 왕 레오니다스를 포함한 스파르타 최정예군 300명이 페르시아의 육군 1만 5,000명과 맞붙어 싸운 전투. 스파르타군은 전멸당하며 패했지만 그들의 활약으로 페르시아의 육군과 해군의 결집을 막아 그리스 연합군은 페르시아 군대를 물리칠 수 있었다.

▲페리클레스

아테네는 마라톤 전투와 살라미스 해전에서 강력한 군사력과 막강한 힘을 보여 주었어요. 콧대가 높아진 아테네를 꺾을 수 있는 건 아무도 없는 것 같았지요. 스파르타 역시 테르모필레 전투에서 페르시아의 육군을 막아 세우는 엄청난 공을 세웠어요. 전원 몰살이라는 큰 손실을 보았지만 그래도 그리스 최강의 육군은 스파르타였지요. 스파르타는 아테네 중심의 델로스 동맹에 불만이 많았어요. 그래서 내륙의 폴리스를 중심으로 펠로폰네소스 동맹을 맺어 아테네와의 힘의 균형을 유지했답니다.

펠로폰네소스 전쟁이 시작되다

기원전 431년 코린토스와 케르키라 사이에 싸움이 일어났어요. 이때 아테네가 케르키라 편을 들자 코린토스가 속한 펠로폰네소스 동맹국들은 아테네를 응징하겠다며 일어났어요. 여기엔 스파르타도 포함되어 있었지요. 이후 약 30여 년 동안 그리스에서는 크고 작은 전투가 벌어졌어요. 이것이 바로 '펠로폰네소스 전쟁'이랍니다.

당시 그리스에서의 전쟁이란 긴 창과 방패로 무장한 전투

부대끼리의 충돌이었어요. 평지에서 진영을 짠 각 부대가 서로 대치하다가 맞붙었지요. 그러다 한쪽 진영이 무너지면 그 진영은 일방적인 공격을 당하는 게 전투의 패턴이었어요. 성을 공격하는 공성전은 발달하지 않아 성채를 뚫고 들어가는 건 상상하지도 못했던 시절이었지요.

그렇다면 아테네는 스파르타와 정면으로 싸워서 이길 수 있었을까요? 강력한 군사력을 자랑하던 스파르타군과 육지에서 정면으로 싸워 이기기엔 역부족이었어요. 그래서 페리클레스는 스파르타군이 아테네로 공격해 올 때 사람들을 모조리 성안으로 들어오게 했어요. 성안에서 느긋하게 버티면서 절대 싸움에 응하지 않았지요.

스파르타군은 성을 에워싸고 성안의 물자가 떨어지기를 기다렸어요. 하지만 마냥 기다리고 있을 수만은 없었지요. 당시 스파르타는 소수인 스파르타인들이 다수의 노예를 다스리는 사회였기 때문에 스파르타의 군인들은 자신들의 도시인 스파르타를 오래 비울 수 없었어요. 페리클레스가 노린 건 바로 이 점이었어요. 페리클레스는 느긋하게 성안에서 기다리다가 그들이 퇴각하면 강력한 해군을 이용하여 배를 타고 먼저 스파르타로 가서 뒤통수를 칠 계획이었어요. 비어 있는 스파르타시를 역공할 좋은 기회였지요. 이 전쟁은 얼핏 아테네의 승리처럼 보였어요. 그런데 뜻밖의 일이 일어납니다.

전염병이 발생하다

페리클레스는 성안에 충분한 물자를 확보하고 주변 사람들을 모두 아테네 성안으로 데리고 와 성곽을 지키며 시간이 흐르기만을 기다렸어요. 그런데 성안에서 이유를 알 수 없는 전염병이 퍼지기 시작했습니다.

전염병은 아테네에 회복하기 힘든 치명타를 입혔어요. 전염병으로 아테네 시민의 25퍼센트가 죽었다고 하니, 통계에 잡히지 않는 어린아이나 여자들, 노예까지 생각하면 거의 인구의 3분의 1이 목숨을 거두었다고 추정할 수 있지요. 희생자 중에는 사람들을 성안으로 불러 모았던 페리클레스도 있었습니다. 한꺼번에 몰려든 사람들로 인해 성안의 위생 환경은 열악해질 수밖에 없었겠지요. 게다가 한 공간에 많은 사람들이 모여 있으니 전염병의 확산은 더욱 빨랐을 거예요.

기원전 404년 아테네 점령을 포기하고 퇴각할 시기를 조율하던 스파르타군은 얼떨결에 승리했어요. 하지만 전리품을 챙길 틈도 없었습니다. 아테네에 퍼진 전염병이 스파르타 군대로 옮겨 올까 두려워 서둘러 물러났으니까요. 그렇게 펠로폰네소스 전쟁은 스파르타군의 승리로 끝났습니다.

하지만 스파르타도 오래가지는 못했어요. 그리스 최강국이던 아테네와 스파르타가 오랜 싸움으로 힘이 빠지자 테베가 새로운 주인 노릇을 하기 시작했습니다. 이때 테베에서는 마케도니아의 왕 필리포스 2세가 잠시 머물고 있었지요. 필리포스 2세는 테베와의 교류를 통해 앞선 그리스 문명의 강점을 배워 갔어요. 그렇게 점차 세력을 키워 그리스를 공격했지요. 그의 뒤를 이어 왕위에 오른 마케도니아의 젊은 왕 알렉산드로스는 그리스와 지중해 일대를 완전히 정복했어요. 그리스 문명에 흠뻑 빠진 알렉산드로스는 난데없이 그리스의 복수를 하겠다면서 페르시아 원정을 시작합니다. 이것이 바로 그 유명한 알렉산드로스의 대원정, 헬레

니즘의 시작입니다.

만약 펠로폰네소스 전쟁에서 아테네에 역병*이 돌지 않았다면 어땠을까요? 아테네가 전쟁에서 승리하여 지중해의 패권을 더 오래 쥐고 있었을까요? 아테네의 시민들이 그렇게 한꺼번에 많이 죽지 않았다면 그리스의 황금기라고 불리던 그 시절이 더 오래갔을까요? 알렉산드로스의 대원정은 없었을지도 모르고, 동서양의 대통합은 좀 더 나중의 일이 되었을지도 모르지요. 하지만 분명한 건 아테네의 역병이 세계사의 방향을 바꾼 하나의 큰 사건이었다는 것입니다.

---

*역병: 병세가 빠르게 진행되며 전신적인 증상을 보이고, 집단으로 발생하는 전염병을 이르는 말.(당시에는 병의 원인을 알 수 없어 무조건 역병이라고 불렀어요.)

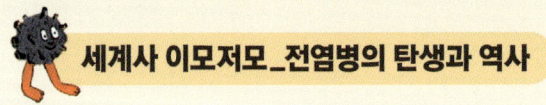

세계사 이모저모_전염병의 탄생과 역사

전염병의 탄생

신석기 혁명이라고 불리는 농경과 목축은 인간의 삶을 크게 변화시켰어요. 식량 생산으로 인구가 폭발적으로 증가했고 도시가 생기고, 여러 '문명'이 탄생했지요. 인간과 함께 살고 있던 미생물들에게도 혁명적인 사건이었어요. 미생물의 관점에서는 그들의 숙주가 많이 증가했을 뿐 아니라 다닥다닥 붙어 있으니 이리저리 옮겨 다니기도 좋았지요. 사람들이 만든 도시는 미생물들에게도 대규모 공동체였어요. 바로 전염병이 탄생하게 된 배경이랍니다.

농경과 목축을 통해 전염병 말고도 다른 많은 질병이 사람들에게 닥쳐왔어요. 그러나 병원균들도 숙주인 인간과 함께 살아가야 하는 관계여서 대부분은 그다지 치명적이지 않았어요. 그저 병에 걸린 인간들이 허약해져 농사를 짓는 게 힘들거나 대규모 토목 공사*를 진행하는 데 어려움이 있을 뿐이었지요. 하지만 사람들은 자신들을 병들게 하는 원인이 무엇인지 찾아야만 했어요. 어렵게 알아낸 그 원인은 바로 위생 규칙이었어요.

가령 서아시아에서는 거리를 돌아다니며 인분(똥)이나 더러운 것을 먹는 돼지는 절대 먹지 않았어요. 실제로 돼지고기는 완전히 익혀 먹지 않으면 위험해요. 매우 많은 미생물이 사람에게 옮겨 올 수 있거든요. 그래서 서아시아에서 발생한 이슬람이나 유대교에서는 지금도 돼지고기를 먹지 않아요. 당시 사람들은 질병이 미생물로 인한 것이라는 사실은 알지 못했지만, 오랜 경험에서 나온 지혜로 질병을 예방하는 문화나 종교 교리 등을 만들었어요. 그래서 종교적

---

*토목 공사: 땅과 하천 등을 고쳐 만드는 공사. 항구를 쌓고, 길을 닦고, 굴을 파는 일 등이 있다.

인 금기에는 위생과 관련한 규칙이 많아요. 물론 효과가 컸다고는 할 수 없지만 사람들의 생존에는 도움이 되었답니다.

전염병은 신의 뜻?

사람들에게는 스스로를 지킬 수 있는 면역 체계가 있어요. 같은 공동체에서 생활하는 개인들은 자신이 속한 사회와 같은 면역 체계를 가지고 있을 확률이 높아요. 서로 미생물들을 주고받으면서 같이 면역력을 키우기 때문이죠. 그런데 이러한 사실을 몰랐던 고대에는 전염병으로 인한 일들을 모두 '신의 뜻'으로 기록하곤 했어요.

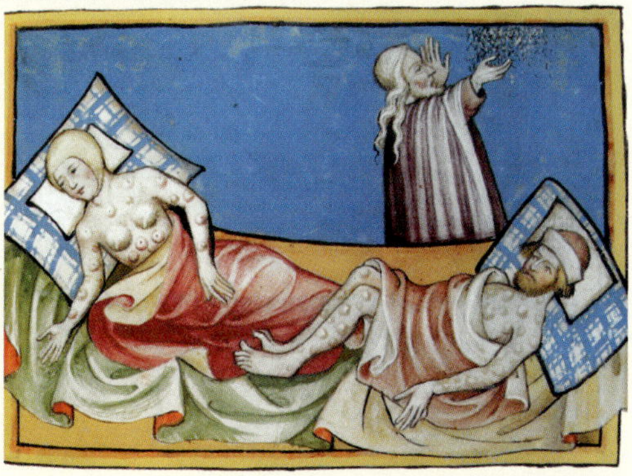

▲토겐부르크 성경에 나오는 이집트 역병

종교적인 관점에서 벗어나면 성경이나 불교 경전은 모두 훌륭한 역사적 기록물이 되지요. 구약 성경에는 전염병이 여러 번 등장합니다. 〈출애굽기〉에서는 하나님이 이집트 왕에게 이집트의 노예가 된 유대인들을 풀어 줄 것을 명령합니다. 하지만 이집트 왕이 이를 아홉 번 거절하지요. 이로 인해 이집트에서는 첫 번째로 태어난 생명이 모두 죽임을 당하는 재앙이 내려집니다. 신이 내린 질병이 무엇인지는 모르지만 병의 원인이었을 미생물의 입장에서는 첫째 아들과 둘째 아들, 혹은 딸이나 아들을 구분 지었을 것 같지 않아요. 다만 어른은 병에 걸리지 않고 면역력이 약한 어린아이는 병에 걸릴 수 있지요. 병원균에 눈이 달린 것도 아닌데 유대인들의 믿음대로 문설주*에 붉은 칠을 했다고 그 집을 피해 가진 않았을 거예요. 이로 인해 이집트의 파라오는 노예 상태에 있던 유대인들에게 이집트에서 나가도 좋다고 허락을 해 주었어요. 물론 마음이 바뀌어 추격군을 보내지만 그들은 홍해를 건너지 못했어요. 이렇게 유대인은 이집트를 탈출하게 되지요.

소아병이 된 전염병

오래전부터 사람들은 한 번 병을 앓고 나면 감염병에 다시 걸리지 않고, 혹은 걸리더라도 가볍게 넘어간다는 사실을 알았어요. 중세 시대 페스트 환자를 돌보던 성직자 중 면역이 생긴 일부 사람들을 '신의 축복을 받은 자들'이라고 불렀지요. 이처럼 면역은 몸속에 들어온 병원균에 대항하는 항체가 생겨 다음에는 그 병에 걸리지 않게 된 상태를 말해요. 면역학적 관점에서 본다면 〈출애굽기〉 속 유대인들은 필시 그와 비슷한 질병을 앓았던 경험이 있을 거예요.

보통 전염병은 초기에는 많은 사망자를 내지만 경험의 횟수가 늘어날수록 사망자 수가 줄어듭니다. 한 공동체에서 전염병이 발생하는 주기가 짧아지면 이미 그 병에 걸려서 면역력을 가진 사람의 비율이 늘어나게 됩니다. 만약 10년 정도 간격을 두고 같은 전염병이 다시 유행하면 그 병에서 살아남은 사람들만이 자녀를 가질 수 있게 되지요. 그렇게 되면 전체적으로는 아주 높은 수준의 저항력을 가진 집단이 됩니다. 그 결과 숙주인 사람과 기생 생물인 미생물은 함께 살아가는 관계가 되지요. 게다가 살아남은 자들에게 면역력을 준 전염병이 5~10년 간격으로 발생하면, 그 병은 자동으로 어린아이들만 걸리는 소아병이 됩니다. 아이의 죽음은 슬프지만 어쨌든 아이는 더 낳을 수 있으므로 전체 인구에 미치는 영향은 아주 적지요. 이런 역학적인 적응 과정은 인류

---

*문설주: 문짝을 달기 위해 양쪽에 세운 기둥.

역사 어디에서나 반복해서 일어났어요.

이집트의 귀족 아이들은 유대 아이들보다 위생 환경이 좋았겠지요. 당연히 병에 걸린 경험도 적었을 테고, 저항력이 없지 않았을까 추측할 수 있습니다.

이후 유대인들은 사막에서 블레셋 사람들(지금의 팔레스타인 사람들)을 만납니다. 그들에게 신이 주신 언약궤를 빼앗기지요. 이때도 신은 전염병을 보내 블레셋 사람들에게 벌을 내립니다. 낯선 사람들 속에는 늘 낯선 질병도 함께 있기 마련이라는 걸 블레셋 사람들은 미처 알지 못했지요. 하지만 그렇다고 해서 유대인들이 전염병에 천하무적인 건 아니었어요. 성경에는 유대인의 왕 다윗이 하나님의 명을 어기고 인구 조사를 통해 군사의 수를 헤아리자 신이 직접 전염병을 내렸다고 기록되어 있어요. 하룻밤 사이에 신체 건강한 유대 남성 7만 명이 죽었다고 하지요. 군사력을 통해 자신의 힘을 과시하려고 한 다윗왕의 오만을 벌주기 위해서였다고 해요.

그러나 사실 고대의 전염병은 고작 하룻밤 사이에 군대를 궤멸시키거나 제국의 건설을 방해할 만큼 크게 인구를 감소시키지 않았어요. 고대의 수많은 동서양의 역사적 전투에서 전염병은 그저 군대를 퇴각시킬 명분을 주었을 뿐이에요. 혹은 공격 명령을 내릴 장군이 죽은 정도였지요. 사람들이 흩어지면 전염병도 곧 모습을 감추었습니다.

2. 전염병으로 무너진 고대 로마

세계사에서 로마가 차지하는 비중은 엄청나지요. 로마는 이탈리아반도의 작은 왕정 도시 국가에서 시작하여 공화정을 거쳐서 제국으로 성장했어요. 서로마 멸망 이후 동로마까지 포함하면 로마의 역사는 2000년이나 되지요. 유럽과 아프리카, 아시아에 이르는 거대한 영토를 건설한 것은 물론, 오늘날까지 건축과 예술, 사회 문화 등 전 영역에서 많은 영향을 끼쳤어요. 찬란했던 로마의 쇠퇴 원인을 한 가지로 꼽을 수는 없지만, 그중 전염병이 미친 영향이 매우 커서, 바이러스가 로마 제국의 멸망을 가져왔다고 말해도 무리는 아닙니다.

로마는 앞선 문명들보다 학문 수준이 높아지고 모든 것이 발달했지만, 미생물에 대해서는 전혀 몰랐고 위생 개념도 좋지 않았어요. 로마의 주요 도시에는 어디든 사람이 많았고, 공공 하수도와 공중화장실, 그리고 공중목욕탕이 있었지요. 하수도와 화장실의 배설물은 그대로 거리에 버려지거나 강으로 흘러 들어갔어요. 오염된 강물은 수시로 범람하여 거리를 휩쓸었고요. 세균이 번식하기에 딱 좋은 환경이었지요. 로마 사람들은 장티푸스, 이질, 말라리아, 간염 등을 일상적으로 달고 살았을 것으로 보여요.

병원균은 사회 제도를 변화시키기도 했어요. 대표적인 예가 165년 로마를 휩쓸었던 전염병입니다. 전염병으로 인구가 크게 줄자 로마는 게르만족의 일부를 로마 시민으로 받아들였어요. 제국으로 성장하려면 어느 정도 개방성이 필요하지만, 적대적인 관계였던 이민족들에게 로마 시민이 될 수 있는 기회를 주는 건 쉬운 일이 아니었지요. 전염병으로 인한 인구 감소가 아니었다면 로마는 다른 선택을 했을지도 모릅니다.

15년 동안 로마를 휩쓴 전염병

165년 로마에 갑자기 이상한 전염병이 돌기 시작했어요. 이미 여러 질병에 익숙한 로마 사람들이었지만 165년부터 180년까지 15년 동안 로마를 덮친 전염병은 이때까지와는 전혀 다른 질병이었어요. 로마 사람들은 낯선 질병에 속수무책으로 쓰러졌고 엄청난 사망자가 나왔어요. 이때 로마에 퍼진 전염병을 당시 통치자였던 황제의 이름을 따서 '안토니누스 전염병'이라고 불러요. 이 전염병은 한 도시를 휩쓸었다가 잠잠해지면 다른 도시로 갔다가 다시 돌아오기도 했어요. 새로운 질병 앞에 사람들이 할 수 있는 일은 별로 없었어요. 전염병이 없는 곳으로 피하는 게 최선이었지요. 황제의 주치의였던 갈레노스*도 시골로 달아났어요. 하지만 그는 곧 황제의 부름을 받고 로마로 돌아와 이 역병에 대해 연구하고 관찰해 기록을 남겼어요.

"역병에 걸리면 갑자기 작고 붉은 반점이 온몸에 나타나고 하루나 이틀 후 발진으로 변한다. 그 후 2주간 단순 포진이 생기고 딱지가 되어 벗겨진다."

"역병에 걸린 사람을 만졌을 때 뜨겁지도 따뜻하지도 않지만 투키디데스가 기술한 것(아테네 역병)처럼 체내에서 열이 들끓는다."

"설사를 앓고 살아남은 환자에게는 온몸에 검은 발진이 나타났다. ……궤양이 생긴 환자의 일부 환부는 딱지가 벗겨졌고 남은 부분은 건강하여 하루나 이틀 후에 흉터로 남았다."

딱지가 벗겨진 후에 건강해졌다는 이 기록으로 보아 이때 전염병은 천연두가 아니었을까 추측하고 있어요. 페스트나 에볼라 출혈열로 추정되는 아테네 역병과는 전혀 다른 질병으로 보이지요. 물론 둘 다 고열이 나고, 수많은 사람들을 희생시켜 급격한 인구

*갈레노스: 로마 제국 시대의 의사. 그리스 출신으로 그리스 의학을 집대성하여 실험 생리학을 확립하였고 유럽 의학에 큰 영향을 끼쳤다.

의 감소를 가져왔다는 공통점이 있긴 하지요.

이때 로마의 통치자였던 마르쿠스 아우렐리우스 안토니누스 황제는 적극적으로 전염병에 대응했어요. 당시로서는 아주 보기 드문 대응 방식이었지요. 장례 비용을 비싸게 받지 못하게 하고 역병으로 죽은 사람은 공금*으로 매장해서 거리에 시체가 쌓이지 않게 했어요. 무덤을 파헤쳐 다른 사람에게 되파는 일도 금지시켰지요. 이 일은 매우 중요하고 기본적인 일이지만 전염병이 돌 때는 이런 일조차 하지 않는 통치자가 매우 많았답니다. 또한 의사를 고용하여 이 전염병에 대해 연구하게 했어요. 이때 전염병을 연구했던 갈레노스는 전염병을 잠재우지는 못했지만 나름 의미 있는 처방을 내놓았어요. 비누로 몸을 깨끗이 씻고 목욕을 자주 하라는 것이었지요.

당시 로마에는 박해받던 기독교인들이 있었어요. 기독교인들은 병자를 돌보아야 한다는 종교적 신념이 있었지요. 모두가 공포에 떨며 환자들을 방치할 때, 이들은 죽음을 무릅쓰고 환자들을 간호했고, 덕분에 사망률을 낮출 수 있었지요. 갑작스럽고 충격적인 죽음 앞에 모두가 힘들어 할 때 현재의 삶을 소중히 여기도록 해 주고, 죽어서는 천국에 갈 수 있다는 희망을 심어 주는 기독교인들의 행동은 절망에 빠진 사람들에게 큰 위로가 되었지요.

---

*공금: 국가나 공공 단체가 소유하는 돈.

심지어는 전염병을 긍정적으로 받아들이면서 현실에 순응하려고 애를 쓰기도 했어요.

기독교인들의 헌신으로 기독교는 널리 전파되었고, 훗날 로마가 기독교를 공인하는 데 큰 역할을 했습니다. 15년 동안 이어진 전염병으로 약 1000만 명이 목숨을 잃었습니다. 그나마 다행인 것은 동시에 모든 곳에서 전염병이 유행한 것이 아니어서 로마의 인구가 한꺼번에 줄어들지는 않았다는 거예요. 또한 적극적인 사회적 처방으로 로마는 위기를 벗어날 수 있었습니다.

전염병을 실어 나른 군인들

당시 로마의 문제는 전염병만이 아니었어요. 이민족들과의 다툼도 문제였지요. 훈족의 침입으로 북쪽의 게르만족들이 점차 남쪽으로 내려와 로마와 라인강 유역에서 마주쳤어요. 최전성기

였던 로마는 지켜야 하는 국경선이 무척 넓었어요. 로마에는 약 5,200여 명으로 구성된 군단이 28개나 있었어요. 로마 군인들은 주요 국경 지대를 지키며 전투가 발생할 때마다 신속하게 이동했습니다. 동쪽에서는 속국들의 반란이 끊임없이 일어났는데, 그중에서도 파르티아가 계속 영토를 확장하고 있었어요. 파르티아는 비단길 무역을 중개하는 것에 만족하지 못하고 직접 독점을 하고 싶어 했어요. 이처럼 서쪽에서는 게르만족이, 동쪽에서는 파르티아가 로마의 국경을 위협하고 있었지요. 이렇게 동서 국경을 모두 지켜야 하는 상황에서 로마 군인들이 전염병으로 자꾸만 쓰러지기 시작한 것이에요.

15년 동안 로마를 휩쓸었던 전염병이 사실은 로마 군인들에 의해 전파된 것일 가능성이 높아요. 파르티아의 셀레우키아라는 지역에서 전염병이 시작되었기 때문이죠. 파르티아 전쟁에서 승리한

로마의 군인들은 전리품과 함께 질병을 가지고 로마 제국으로 돌아왔어요. 휴가를 갔다가 군대로 복귀하면서 군 내부로 병을 옮긴 군인들도 있었지요. 전염병은 국경을 따라 이동하는 로마 군단과 함께 로마 전역으로 번져 나갔어요.

드넓은 국경선을 지키는 로마 군단은 훌륭한 갑옷과 체계적인 훈련으로 다져진 막강한 군대였어요. 당시 로마에는 로마 시민으로 구성된 상비군 외에도 로마의 지배를 받는 속주민으로 구성된 보조병이 있었어요. 보조병 정책 덕분에 로마 군단은 전투에서 끊임없이 병력을 충원할 수 있었지요. 이에 비해 게르만족들은 창과 나무 방패를 들었고 옷차림도 부실했어요. 중무장한 로마 군대에 비하면 거의 벌거벗은 거나 다름없었지요. 하지만 생존이 걸려 있는 만큼 그들은 절박했고 놀라울 정도로 용감했어요.

한번은 로마 병사들이 게르만족을 겁주기 위해 굶주린 사자들을 풀어놓았다고 해요. 사자를 처음 본 게르만족이 허둥댈 때 게르만족 장군이 "저건 로마의 개다!"라고 외치자 게르만족은 사자들에게 달려들어 사자들을 두들겨 잡았다고 합니다.

376년 흑해의 북쪽 연안에 살던 게르만족은 유라시아* 중앙에서 온 유목민 훈족의 침입으로 다뉴브강을 건너 로마 제국의 영토로 들어왔어요. 이를 시작으로 라인강과 다뉴브강 등 로마 제

*유라시아: 유럽과 아시아를 아울러 이르는 말.

국의 북동쪽 일대에 살던 게르만족도 잇따라 이동하기 시작했지요. 게르만의 여러 부족들은 서로마 영토 안으로 깊숙이 들어와 여러 지역에서 각각의 부족 국가를 세웠어요.

로마의 입장에서는 작은 부족 단위로 이동하는 게르만족이 엄청난 골칫거리였어요. 게르만족은 국경 수비가 허술한 곳으로 우르르 몰려가 약탈하고 로마 군단이 몰려오기 전에 잽싸게 후퇴했어요. 이런 전략으로 로마 국경의 여러 도시가 게르만족에게 약탈당하고 로마 시민이 포로로 잡혔지요. 막상 전투가 벌어지면 로마 군단에게 번번이 패하기 일쑤였지만 게르만족은 결코 항복하지 않았어요. 그들은 물러설 곳이 없었으니까요.

적군이었던 게르만족이 로마의 시민이 되다

게르만족의 침략을 더 이상 보고 있을 수는 없었어요. 마르쿠스 황제는 직접 국경으로 달려갔어요. 그리고 놀랍게도 사로잡은 게르만 전사들을 로마 군단의 보조병으로 삼았지요. 마르쿠스 황제는 포로가 된 그들을 노예로 삼지 않고, 전쟁으로 황폐화된 지역으로 이주시켰어요. 그러고는 로마의 국경을 그들에게 지키게 했어요. 게르만족의 침입을 또 다른 게르만 부족으로 막게 한 셈이었지요. 하나로 뭉쳐서 다니지 않고 부족 단위로 움직이는 게르만족의 특성을 이용한 묘책이었어요. 보조병이 된 게르만인들은 서서히 로마 제국의 시민으로 동화되어 갔어요.

적군이었던 게르만족을 보조병으로 대우하는 건 당시로서는 매우 충격적인 일이었어요. 하지만 그들의 집단 이주가 가능했던 건 빈 땅이 그만큼 있었기 때문이에요. 빈 땅이 있었던 건 그곳의 사람들이 전염병으로 많이 죽었기 때문이고요.

병사가 늘어나는 건 좋은 일이지만, 마냥 좋아할 수만은 없었어요. 로마의 병사는 국가에서 월급*을 받는 직업 군인이었거든요. 전염병으로 경제가 어려운 상황에서 군인의 월급을 지불할 국가의 재정이 있을 리가 없었지요. 마르쿠스 황제는 재정을 마련하려고 황실의 사유 재산까지 팔았다고 해요.

마르쿠스의 정책은 성공했어요. 그가 정착시킨 게르만계 로마인들로부터 로마군을 지속적으로 충원했을 뿐 아니라 그들이 이주한 지역의 경제도 회복되었어요. 또한 게르만계 출신의 로마 황제가 선출**될 만큼, 게르만족은 당당한 로마 사회의 일원으로 성장해 나갔지요. 하지만 180년 전염병이 막바지에 이르던 때 마르쿠스 황제도 전염병에 걸려 죽고 말았어요. 그는 유언으로 자신의 죽음이 아니라 전염병을 돌아보라는 말을 남겼다고 해요.

---

*월급을 뜻하는 샐러리(Salary)라는 단어는 소금을 지급한다는 뜻의 라틴어 살라리움에서 유래했다. 당시 로마 군인들에게 소금으로 월급을 지불했는데, 이 말이 오늘날 월급을 뜻하는 단어로 변했다.

**게르만족 출신의 로마 황제로 마그넨티우스(재위 350~353), 티베리우스 3세(동로마 제국의 황제. 재위 698~705)가 있다.

오늘날의 관점으로 보아도 전염병에 대처하는 마르쿠스 황제의 대처는 훌륭했어요. 하지만 불행히도 그 이후로는 전염병에 적극적으로 대응하는 통치자가 없었답니다.

또다시 전염병이 돌다

로마는 200년대에 다시 전염병의 습격을 받았어요. 이때의 전염병이 천연두였는지 홍역이었는지는 알 수 없지만, 그 피해는 165년의 전염병만큼이나 컸어요. 하루에 사상자가 2,000명씩 나왔고, 로마는 구멍 뚫린 배처럼 서서히 침몰하기 시작했어요. 지나치게 확장한 영토를 통치하기가 어려워진 로마는 395년 나라를 둘로 나누었어요. 서로마 제국과 콘스탄티노폴리스를 중심으로 하는 동로마 제국으로요.

서로마의 상황은 동로마보다 더 나빴어요. 전염병으로 인해 상업의 중심지였던 지중해의 도시 인구가 줄어들자 국고로 들어오는 돈이 줄어들었고, 그 결과 로마 군인들의 월급이 자꾸만 늦어졌어요. 그러자 군대가 반란을 일으켰고, 인근의 지중해 연안 도시들을 약탈하곤 했지요. 사회적 혼란 속에 자연스럽게 난민과 거리의 부랑자들이 늘어났고, 이들은 전염병을 더욱 유행시키는 요인이 되었어요. 취약한 위생 환경과 병원균이 옮겨 다닐 수 있게 모여 사는 사람들, 그리고 정착하지 못하고 떠도는 생활. 전염

병은 계속해서 사람들을 따라다녔어요. 여기에 북쪽에서 내려온 게르만족의 침입도 끈질기게 이어졌습니다. 결국 476년 서로마는 완전히 사라지게 됩니다.

세계사를 살펴보면 어느 나라든지 인구가 갑자기 줄어들었을 때에는 어김없이 전염병이 돌았어요. 전쟁으로 죽은 사람보다 전염병으로 죽은 사람의 수가 훨씬 더 많지요. 전쟁이라는 상황이 전염병을 발생시키기도 합니다. 인구가 급속하게 줄어들면 나라는 매우 위험해져요. 그 이유가 전염병, 전쟁, 혹은 기근, 무엇이라 할지라도, 이때의 위기를 잘 극복하지 못하면 아무리 위대한 제국이라 할지라도 사라지게 된답니다.

3. 중세 유럽을 뒤흔든 페스트

전염병의 영향으로 문명의 중심지가 지중해에서 유럽으로 이동해 갔어요. 고대 서로마는 서서히 몰락해 갔지만, 동로마는 옛 로마 제국의 영광을 되찾고 싶어 했지요. 542년 동로마의 유스티니아누스 황제는 군대를 이끌고 이탈리아로 들어와 게르만족의 한 분파인 고트족으로부터 로마를 되찾았어요. 그런데 바로 그때 전염병이 발생했어요. 서둘러 콘스탄티노폴리스로 돌아왔지만, 군대와 함께 전염병이 동로마로 따라 들어오고 맙니다. 병에 걸린 환자는 엄청난 통증을 겪고 온몸이 검게 변하며 죽어 갔어요. 학자들은 이때 전염병의 원인을 페스트균으로 추정하고 있어요.

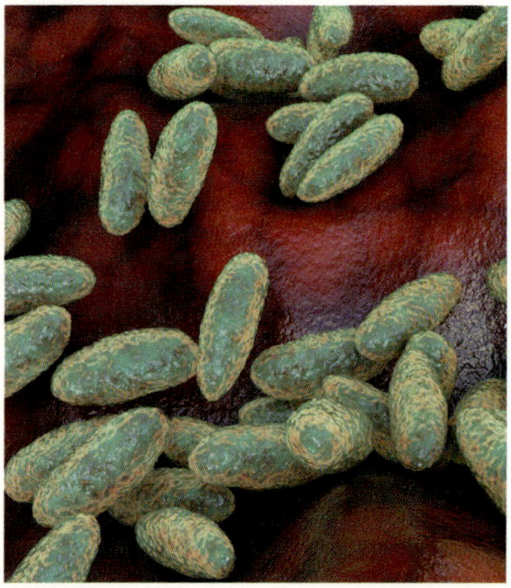
▲페스트균

전염병이 최고조로 달했을

때는 콘스탄티노폴리스에서만 매일 1만 명 이상 목숨을 잃었어요. 유스티니아누스 황제 역시 이 병에 걸렸지만 운 좋게도 살아남을 수 있었지요. 황제는 도시의 모든 대문을 닫아걸고 친구도 가족도 만나지 못하게 했어요. 거리에 시체가 쌓이지 않게 시체를

▲유스티아누스 페스트로 인한 장의 행렬

모두 땅속에 묻었지만, 더 이상 묻을 곳이 없어지자 도시 성벽의 탑에 쌓아 놓고는 성벽을 밀폐시켰어요. 때로는 시체들을 배에 실어 바다에 내다 버리기도 했지요. '유스티니아누스 역병'으로 부르는 이 전염병은 6세기 이후 약 200년 동안 지중해를 돌면서 주변 도시를 황폐화시켰어요. 때때로 유럽 내륙으로 옮겨 가기도 했지요.

전염병의 창궐*로 지중해 무역으로 번창했던 도시들이 점점 쇠락해 갔고, 도시 간 교류는 끊어졌어요. 사람들은 도시를 버리고

*창궐: 못된 세력이나 전염병 따위가 세차게 일어나 걷잡을 수 없이 퍼짐.

시골로 내려갔습니다. 지중해를 중심으로 성장하던 고대 문명이 암흑 속으로 사라진 것이지요. 이후 오랫동안 자취를 감췄던 페스트균이 또다시 깜짝 등장한 것은 1347년이었습니다.

페스트를 던져 준 몽골 부대

오늘날 많은 심리학자들은 유럽인들의 무의식에 아시아에 대한 공포와 혐오가 새겨져 있다고 주장합니다. 아시아인들에게 정복당할지 모른다는 황색 공포(Yellow Perill)가 자리하고 있다는 것이지요. 이러한 공포가 서양에 퍼진 데에는 세계사에서 가장 넓은 제국을 가졌던 몽골 제국의 영향이 클 것입니다.

정복자 칭기즈 칸이 죽은 후 그의 제국은 네 개로 나뉘었지만, 1279년에서 1350년은 몽골 제국의 최대 전성기였습니다. 어느 시대나 전쟁은 무자비한 일이었지만 몽골 군대는 특히 잔혹하기로 유명했어요. 몽골 군대와 마주친 유럽인들은 '항복하거나 전원 몰살당하거나' 중 하나를 선택해야만 했어요. 몽골인들은 농사를 짓지 않았기 때문에 노예가 필요하지 않았어요. 그래서 굳이 힘들게 상대를 회유할 필요가 없었지요. 말을 타고 달리면서 활을 쏘는 등 엄청난 기동력을 갖춘 몽골 병사들이 유럽인들에게는 괴물처럼 끔찍했을 거예요. 이런 전쟁의 공포에 덧붙여 1347년 몽골 군대가 전파한 페스트균은 황색 공포를 더욱 강하게 만들었습니다.

6세기의 페스트는 유럽인들이 수입, 혹은 약탈한 물건과 함께 비단길과 지중해의 무역로를 따라 퍼져 나갔어요. 하지만 14세기 페스트의 유행은 1347년 몽골 부대로부터 시작되었어요. 당시 몽골 제국은 사한국으로 나누어졌는데 그중 하나인 킵차크한국의 군대는 카파시를 1년간 포위하고 있었어요. 카파시는 유럽과 아시아를 잇는 비단길의 끝자락, 크림반도의 흑해 연안에 있는 도시예요. 카파시 사람들은 몽골군에 저항하며 끈질기게 성안에서 버티고 있었지요. 그런데 성 밖 몽골 부대에서 갑자기 전염병이 발생했어요. 페스트였지요. 원을 휩쓸었던 전염병*이 몽골 군대로까지 들어온 듯했어요.

몽골군은 페스트로 죽은 병사들의 시신을 모았어요. 그리고 투석기를 이용하여 시신들을 성안으로 던져 넣고는 재빠르게 물러났지요. 성을 포위했던 몽골의 군대는 사라졌지만, 카파시에서는 전염병이 돌기 시작했어요. 성안에 있던 몇몇 상인들이 서둘러 배를 타고 이탈리아 남서부에 있는 시칠리아섬으로 달아났어요. 하지만 시칠리아의 메시나 항구에 배가 닿았을 때, 그 배 안에는 살아 있는 사람이 한 명도 없었어요. 죽음의 유령선이 유럽

*1334년 허베이에서 페스트가 창궐하여 1348~1354년에 각 지역으로 확산되었다. 이로 인해 13세기 후반에 대략 1억 2000만 명이었던 원의 인구가 14세기에는 6000만 명으로 급감하였다.

으로 들어온 것이었지요.

이렇게 도착한 페스트는 몇 주 만에 베니스를 포함한 이탈리아반도를 휩쓸었고, 1348년 6월에는 프랑스, 에스파냐, 잉글랜드까지 도달했어요. 항구로 들어온 페스트는 빠르게 유럽 내륙으로 번져 갔어요. 유럽에 도착한 페스트는 3년 만에 북쪽의 스칸디나비아반도까지 이르렀어요. 1347년에서 1351년까지 4년 동안 유럽 인구의 3분의 1이 목숨을 잃었어요. 도시는 텅 비어 버렸습니다.

페스트의 원인을 찾기 시작하다

페스트가 대유행하던 중세에는 종교적인 믿음이 매우 중요했어요. 그래서 전염병을 신이 내린 재앙으로 보았지요. 의사들도 죽고 사는 건 신의 뜻이라 여겼기 때문에 기껏해야 종기를 찔러 고름을 빼는 정도로 환자의 고통을 덜어 주는 것이 자신들의 역할이라고 생각했어요. 사람들은 신에게 매달렸어요. 페스트를 막기 위해 교황은 3일 동안 종교 행렬을 이끌었어요. 약 2,000명의 사람들이 교황의 뒤를 따랐지만, 페스트는 수그러들지 않았어요. 일부 사람들은 자기 죄를 고백하면서 스스로 온몸을 채찍질했어요. 채찍 고행자들은 벌거벗은 채 피를 줄줄 흘리면서 마을을 돌아다녔지요. 교황이 그들에게 멈추라고 했지만 그들은 말을 듣지 않았어요. 물론 이러한 종교적인 의식은 아무런 효과가 없었어요.

사람들은 페스트의 발생 원인을 찾기 시작했어요. 하늘의 별자리를 관찰하는 사람들은 1345년 3월 30일에 물병자리에 토성, 목성, 화성이 40도로 정렬했다는 사실에 주목했어요. 별자리의 특이한 현상이 페스트를 발생시켰다고 주장했지요. 또 어떤 사람들은 1348년 발생한 지진으로 더러운 냄새가 퍼졌고, 그 냄새가 공기를 오염시켜 페스트를 발생시켰다고도 생각했어요. 나쁜 공기가 질병을 발생시킨다는 미아스마설은 오랫동안 유럽의 의학계에서 사실로 여겨졌어요. 그래서 사람들은 공기를 깨끗하게 만들기 위해 향을 태우기도 했어요.

사람들은 페스트가 외부에서 들어왔다는 사실에 주목했어요. 지중해 사람들은 무조건 이집트를 탓했고, 유럽 사람들은 아시아 탓이라고 했지요. 그러다 서아시아에 들어온 검은 고양이가 병의 원인으로 지목되었고 불똥이 개들에게까지 튀었어요. 사람들은 난데없이 고양이와 개들까지 마구 잡아 죽였어요. 고양이는 페스트균을 퍼뜨리던 쥐를 잡아 어쩌면 페스트의 확산을 조금이라도 막아 주었을 텐데, 참 어처구니없는 일이었지요.

그래도 페스트가 멈추지 않자 사람들은 의심의 눈길을 유대인들에게로 보냈어요. 유럽인들이 바라볼 때 유대인은 '세상의 구원

▲하르트만 쉐델이 그린 유대인들을 화형하는 모습

자인 예수를 죽인 민족'으로 미운털이 박힌 이방인이었기 때문이에요. 유대인들이 우물에 독을 풀어 페스트를 퍼뜨렸다는 소문이 유럽 곳곳에 떠돌아다녔어요. 유대인들은 자신들 역시 페스트에 걸려 죽어 가고 있다고 호소했지만 아무런 소용이 없었어요. 흥분한 군중들에 의해 2만여 명의 유대인이 죽임을 당했어요. 이처럼 사회가 극심한 혼란과 공포에 빠졌을 때 그 원인을 여자나 아이 혹은 소수 집단 같은 사회적 약자에게로 돌리는 현상은 어느 역사에서나 쉽게 찾을 수 있습니다.

유대인들은 자신들이 살던 고향을 떠나 살 곳을 찾아야만 했어요. 폴란드의 왕 카지미에시 3세는 자신의 왕국에 유대인들을 위한 피난처를 마련해 주었어요. 덕분에 폴란드는 유대인의 도시화된 기술을 쉽게 받아들일 수 있었지요. 지금도 다른 지역보다 동유럽에 유대인들이 많은 것은 이 시기에 이루어진 유대인의 이동 때문이랍니다.

사회 질서가 무너져 내리다

전염병 때문에 사람들을 이끌어야 할 사회 지도자가 죽거나 달아나는 일도 많았어요. 공권력*이 사라진 사회는 매우 혼란스러워진답니다. 이탈리아에서는 한밤중에 남의 집으로 들어가 몸값을 내놓지 않으면 죽여 버리겠다고 위협하는 무리들도 생겨났어요. 그들은 대부분 무덤을 파는 일을 했는데, 페스트로 죽은 환자의 무덤을 도로 파헤쳐 팔기도 하고, 돈을 주지 않으면 무덤으로 끌고 가겠다고 협박하기도 했어요. 거리에는 개들이 시체를 물고 돌아다니기도 했어요. 공포가 일상이 되어 버렸지요.

병든 가족과 아이들을 버리고 떠나는 사람들도 많았어요. 텅 빈 마을에서, 텅 빈 집에서 환자들은 힘없이 떠나는 가족들을 향해 손을 흔들었지요. 누구라도 돌아와 자신에게 물 한 잔 건네주길 바라면서요. 하지만 환자 가까이 간다는 건 곧 자신도 함께 죽겠다는 뜻이었기 때문에, 사람들은 환자들을 내버려 둘 수밖에 없었어요. 고립된 사람들은 이상한 믿음을 가지거나 괴상한 행동을 하기도 했어요.

하지만 모두가 환자들을 외면한 건 아니었어요. 환자를 돌보려는 의사, 환자들을 도와주려는 사람들도 있었지요. 마을에서는

---

*공권력: 국가나 공공 단체가 우월한 의사의 주체로서 국민에게 명령하고 강제할 수 있는 권력.

공동으로 의사를 고용하기도 했어요. 고용된 의사들은 새 부리 가면을 쓰고 나타났어요. 이때 의사들은 환자가 살고 죽는 건 신의 뜻이므로 자기들이 해야 할 일은 그저 환자의 고통을 덜어 주는 것뿐이라고 생각했어요. 이들은 환자의 부풀어 오른 가래톳* 을 찔러 피를 내거나 그 위에 개구리를 얹어 독소를 빨아들이고, 양파를 집 안 곳곳에 두거나 부스럼 위에 무화과나 버터를 발라주었어요. 혹은 대변을 바르기도 했어요. 당연히 효과는 없었지요. 그런데 놀랍게도 환자와 접촉한 의사들은 페스트에 전염되지 않았어요. 그들이 입었던 우스꽝스러운 복장 덕분에 페스트를 옮기는 벼룩에게 물리지 않았기 때문이지요.

노스트라다무스의 처방전

이런 상황에서 나름대로 효과 있는 처방을 내린 사람이 있었답니다. 그 사람은 바로 예언자로 널리 알려진 노스트라다무스였어요. 노스트라다무스는 원래 의사였거든요. 그는 사람들에게 다음과 같은 처방전을 주었습니다.

-거리에 있는 시체를 치우시오.

*가래톳: 넙다리 윗부분의 림프샘이 부어 생긴 멍울.

당시 의사들의 복장

유리 눈
눈을 통해 들어오는 나쁜 공기를 막기 위해 가면 눈 부분에 유리나 안경을 달았다.

새 부리 가면
당시 의사들은 새가 역병을 몰고 오는 악마를 쫓아낼 수 있다는 믿음에서 이 가면을 썼다. 그들의 믿음과는 달랐지만 오늘날의 마스크처럼 가면이 환자의 기침에서 나오는 침방울을 차단해 주었다.

긴 막대기
환자와의 접촉을 막아 준다. 가끔 의사에게 들러붙는 환자를 때리거나 밀치는 데 유용하게 쓰였다.

새 부리에 넣어 둔 꽃잎과 포푸리
당시 사람들은 나쁜 공기, 즉 마이스마에서 모든 질병이 생겨난다고 믿었다. 그래서 부리 부분에 마른 꽃잎이나 나뭇잎, 허브 등을 넣어 악취를 막았다.

밀랍으로 봉인된 검고 긴 외투
온몸을 감싼 외투 덕분에 벼룩에 물릴 일이 없었다. 오늘날의 방호복과 비교해도 손색이 없을 정도였다.

-더러워진 침대 시트는 버리고, 죽은 환자의 의복은 입지 마시오.

-물은 끓여 마시시오.

-목욕을 자주 하시오.(당시 중세 사람들은 목욕을 자주 하면 피부의 구멍이 넓어져 그 속으로 병이 더 쉽게 들어온다고 생각했다.)

-신선한 공기를 마시시오.

-노스트라다무스가 처방한 '마법의 약'을 먹도록 하시오.

노스트라다무스의 처방전 덕분에 1546년 프랑스 남부의 마을 살롱 드 프로방스에서는 페스트에 걸린 사람이 없었어요. 사실 그가 만든 '마법의 약'보다는 청결히 하라는 그의 처치가 도움이 되었을 거예요. 비타민 C만 풍부한 마법의 약만으로는 항생제를 먹어야 하는 페스트를 치료할 수 없었기 때문이지요. 불행히도 노스트라다무스는 아내와 아이를 페스트로 잃고 말아요. 하지만 노스트라다무스는 그 마을에서 평생 급여를 받으면서 말년을 보냈다고 합니다.

죽음의 공포를 극복해 가는 사람들

페스트가 처음 발생한 후 300년간 유럽 곳곳에서는 산발적으로 전염병이 돌았어요. 그 위력은 무시무시해서 한번 전염병이 돌면 마을 전체가 사라지기도 했지요. 이러한 죽음의 공포로 이상한 행동을 보이는 사람들도 있었어요. 집단 히스테리라고 불리는 '1518년의 무도병'이 대표적인 사례이지요.

무도병에 걸린 사람들은 죽을 때까지 몇 날 며칠 동안이나 쉬지 않고 계속해서 춤을 추었어요. '무도병'의 원인에 대해서는 여러 가지 설이 많아요. 어떤 학자들은 맥각병을 일으키는 곰팡이 박테리아(맥각균)가 감염의 원인일 거라 주장했어요. 맥각병에 걸린 호밀을 먹으면 환상이 보이기도 하고 근육 경련이 일어나는 경우도 있기 때문이에요.

▲맥각이 돋아난 호밀

그런데 설마 사람들이 아파서 몸이 떨리는 것과 춤을 추는 걸 구별하지 못했을까요? 아직도 무도병의 정확한 원인은 밝혀지지 않았어요. 곰팡이 박테리아에 의한 환각 때문이었다기보다는 지나친 스트레스 때문에 춤을 추듯 계속 몸을 움직였다고 추정하고 있지요. 질병과 굶주림, 전쟁 등이 가득한 시대였으니까요. 그런데 아이들은 죽음에 대한 공포와 스트레스를 노래와 놀이로 바꾸기도 했어요.

장미꽃 주위를 돌자
한 주머니 꽃이 가득
에취! 에취!
우리 모두 넘어진다.

독일의 도시 하멜른을 배경으로 하는, 쥐 떼를 몰고 가는 《피리 부는 사나이》 이야기도 이 시기에 만들어졌어요. 사람들은 이렇게 노래와 이야기로 죽음의 공포를 일상으로 받아들였어요. 그러면서 페스트로 인한 스트레스를 조금씩 극복해 나가기 시작했어요.

1347년 이후부터 계속 이어지던 페스트의 대유행은 1700년대 후반 서유럽에서 거의 사라져 버립니다. 서유럽 일대의 나무가 부족해져서 돌이나 벽돌로 집을 짓기 시작했는데, 이러한 생활 방식의 변화는 의도치 않게 페스트의 소멸을 앞당겼어요. 초가지붕에서 살던 쥐와 벼룩이 벽돌집에서 살기는 힘들었기 때문이지요. 하지만 페스트의 원인을 알지 못했던 당시 사람들은 1666년에 일

▲런던 대화재

어난 런던의 대화재가 나쁜 공기를 불태워 페스트를 몰아냈다고 믿기도 했어요. 300년 동안 유럽인들을 괴롭히던 페스트는 그렇게 사라져 버렸습니다.

이와 달리 지중해 동부의 연안 도시와 러시아에서는 19세기까지 계속해서 페스트가 소규모로 발생했어요. 무역선에 무임승차하는 쥐로 인해 벼룩, 그리고 사람으로 이어지는 감염의 사슬이 바다를 통해 다른 항구로 계속 연결되었기 때문이지요. 지중해의 도시들은 환자를 격리하여 검역하는 방역 대책을 세웠어요. 의심스러운 지역에서 들어오는 선박은 육지와 동떨어진 섬에서 40일 동안 격리시켰지요. 하지만 선박의 밧줄을 타고 오르내리는 쥐를 막을 수는 없었기 때문에 별 효과는 없었어요.

새로운 바닷길을 열다

페스트의 충격에서 서서히 벗어난 유럽은 또다시 아시아와 무역을 하려 했어요. 하지만 아시아로 가는 길목에는 오스만 제국이 버티고 있었기 때문에 육지를 통한 비단길 무역은 할 수 없었지요. 유럽인들은 아시아로 갈 방법을 끊임없이 탐구했고, 얼마 지나지 않아 새로운 바닷길을 발견했어요. 1492년에서 1522년 사이 계절풍을 이용하여 거대한 인도양과 대서양을 건널 수 있게 된 거예요. 그 결과 각 대륙에 살던 인류는 서로의 질병을 주고받게 되었어요. 그들의 충격적인 경험은 다음 장에서 자세히 이야기할게요.

이후 페스트는 대형 선박을 통해 아시아, 아프리카를 지나 신대륙이었던 아메리카에서까지 발생했어요. 특히 아메리카 대륙에서의 피해가 컸지요. 19세기에도 페스트로 인한 사망률은 30~60퍼센트였어요. 벼룩을 통한 피부 감염(가래톳 페스트)이 아니라 가끔 보이는 환자의 기침이나 재채기로 병을 옮기는 폐 페스트의 사망률은 80~100퍼센트였지요. 정말 무서운 질병이었어요.

그러나 정말 다행스럽게도 페스트의 원인균을 발견하고 또한 감염 경로가 밝혀져 전염병이 번지는 것을 막을 수 있게 되었어요. 19세기 말 드디어 '항생제'라는 치료법을 찾아내면서 페스트로 인한 사망률이 크게 낮아졌습니다.

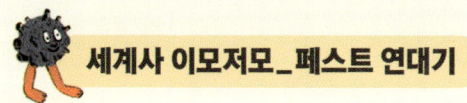

세계사 이모저모_페스트 연대기

페스트 연대기

6세기	‘유스티니아누스 역병’으로 로마의 부흥 좌절됨. 문명의 중심이 지중해에서 유럽으로 이동.
14세기	1347년 몽골 부대가 카파시에 페스트로 죽은 시신을 던짐. 그리스, 시칠리아섬, 이탈리아반도로 페스트가 확산됨. 1348년 프랑스로 넘어온 페스트는 유럽, 스칸디나비아 반도까지 급속히 퍼짐. 이후 1351년까지 4년간 유럽 인구의 3분의 1이 사망함.
17세기 이후	유럽 내륙에서 페스트가 거의 사라짐. 지중해 연안 지방 도시에서는 여전히 페스트가 기승을 부려 격리와 검역이 강화됨.
19세기	대형 선박의 등장으로 페스트가 전 세계로 확산됨. 페스트의 원인균을 발견하고 감염 경로가 밝혀져 역학적 차단이 가능해짐. 19세기 말 루이 파스퇴르가 치료법을 찾아냄.

가래톳 페스트와 폐 페스트

중세 유럽의 페스트에 대해서는 그동안 많은 학자들이 연구를 해 왔어요. 덕분에 알게 된 게 무척 많아요. 흑사병이라 알려진 페스트의 원인균은 ‘예르시니아 페스티스’ 박테리아예요. 1894년에 프랑스 세균학자 알렉상드르 예르생과 일본 세균학자 기타자토 시바사부로가 거의 동시에 발견했어요. 기타자

▲알렉상드르 예르생

▲기타자토 시바사부로

토 시바사부로가 며칠 더 빨리 발견했지만, 예르생은 같은 병원균이 사람뿐 아니라 설치류에도 있다는 것을 처음으로 밝혀 내어, 병의 전파 원인까지 밝혔지요.

평소 페스트균은 땅속에 살아요. 가끔 쥐나 다람쥐 같은 굴을 파는 설치류와 인간의 몸속으로 들어와 흑사병을 일으킨답니다. 페스트균에 감염되면 피부 안쪽의 핏줄이 터져서 멍이 든 듯 온몸이 검게 변해 버립니다. 그래서 흑사병이라고 불렸지요.

유럽에서 발생한 페스트의 특징은 벼룩에 의해 이 박테리아가 전파되었다는 것이에요. 벼룩은 설치류를 1차 먹이로 삼아요. 페스트에 걸린 쥐가 죽으면 벼룩은 얼른 가까이에 있는 다른 먹이, 즉 사람에게로 옮겨 가요. 벼룩과 쥐, 사람으로 이어지는 감염의 사슬이 계속된 이유였지요.

페스트균에 감염된 벼룩에게 물린 사람은 피부 부스럼을 시작으로 온몸에 열이 나면서 엄청난 고통 속에서 림프샘이 있는 목, 겨드랑이, 생식기 부분이 부어올라요. 증상이 나타나면 하루 만에 죽기도 하고 대부분 사흘을 넘기지 못했어요. 굉장히 빠른 속도이지요.

▲페스트균에 감염된 벼룩

이러한 가래톳 페스트와는 달리 사람의 폐에 염증을 일으키는 폐 페스트도 있어요. 폐 페스트는 가래톳 페스트와 증상은 비슷하지만 환자의 기침이나 재채기로 병이 전파됩니다. 쥐나 벼룩 같은 중간 매개체 없이 사람 대 사람으로 전파되기 때문에 전염성이 더 높았지요. 그래서 아무런 치료제가 없었던 중세 시대에는 누군가가 폐 페스트에 걸리면 마을 전체가 온전히 사라지는 경우도 있었습니다.

페스트 박테리아의 진원지

이렇게 많은 사람을 희생시킨 페스트균은 원래 어느 지방에서 살던 박테리아일까요? 사람들은 페스트의 1차 매개체가 되는 설치류의 서식지와 그 주변에서 일어났던 전염병 사례를 근거로 페스트 박테리아가 최초 발생한 지역을 추정했어요. 조금씩 다른 의견도 있지만, 아프리카 북부나 유라시아 대륙의 초원 지대가 페스트의 진원지였을 거라고 보는 견해가 많아요. 유럽에 페스트를 매개했던 '곰쥐'의 영역이 유라시아의 초원 지대와 인도 지역이기 때문이에요.

초원에 살던 페스트균이 비단길과 지중해의 무역로를 따라 유럽으로 들어왔다는 건 확실해요. 박테리아가 봤을 때 규모도 작고 속도도 느렸던 비단길에 비해 바닷길은 커다란 고속 도로 같았을 거예요. 인도양 주변 지역에서 서식하던 곰쥐는 인도와 이집트의 해상 무역로를 따라 지중해 연안에 상륙했고, 곳곳에 퍼져 있던 쥐와 선박의 네트워크를 통해 유럽 내륙으로 들어갔어요. 감염의 고리가 어떻게 이어졌는지 파악하는 것은 앞으로 또 있을지 모를 전염병의 확산을 차단하는 데 중요합니다. 그래서 오늘날에도 방역 당국은 감염병을 차단하기 위해 늘 감염의 고리를 찾고 있어요.

지중해에서 유럽으로 무대를 옮긴 페스트의 세력은 완전히 달라졌어요. 미생물도 여느 생물과 다르지 않아요. 새로운 서식지를 발견하면 그 수가 폭발적으로 늘어납니다. 하지만 생태계에서 단일종이나 소수의 종이 계속해서 지나

치게 늘어날 수는 없어요. 자연계의 균형이 파괴되면 반발과 저항에 부딪히기 때문이지요. 폭발적으로 늘어난 생물은 세대를 내려가면서 자연스럽게 개체 수가 조절됩니다. 대규모 전염병을 겪고 나면 살아남은 사람들을 중심으로 집단 면역이 형성되는 것이 그 예입니다.

집단 면역은 대부분의 사람이 감염병에 대한 면역성을 가졌을 때, 감염병의 확산이 느려지거나 멈추게 됨으로써 면역성이 없는 개체(사람)도 간접적인 보호를 받게 되는 상태를 말해요. 유럽 백인은 대부분 혈액형이 O형이나 A형이에요. AB형이나 B형은 전체의 20퍼센트가 되지 않는데, 이는 B형 혈액형이 흑사병에 취약하기 때문이라는 이야기가 있어요. 집단 면역으로 야기된 현상이라는 것이지요.

만약 유라시아 초원이 페스트의 원래 고향이었다면, 페스트는 이미 예전에 그곳에 살고 있었던 유목민들의 풍토병*이 되어 있었을 거예요. 물론 풍토병이 되었다고 해서 아프지 않거나 죽지 않는 건 아니지만 나름의 방비책은 있기 마련이지요. 오랜 경험으로 터득한 처방과 세대를 거듭하면서 만들어진 생활 습관 같은 것이요. 실제로 14세기 이후로 유목민들은 죽은 마멋(다람쥐과 설치류) 주변에는 얼씬대지 않았다고 해요. 마멋을 통해 전염병이 퍼질 수도 있다는 걸 알았기 때문이죠. 그런데 19세기에 만주 초원 지대에서 집단으로 죽어 있는 마멋을 본 중국 상인들이 마멋의 모피가 탐이 나서 시장에 내다 팔았고, 이를 원인으로 19세기 중국에는 페스트가 창궐했어요.

이처럼 풍토병으로 엄청난 인구가 한꺼번에 사라지는 경우는 거의 없어요. 그런데 14세기에는 페스트로 인해 많은 몽골 유목민들이 죽었어요. 이 때문에 기존의 설과는 달리 유라시아 초원이 페스트의 발원지가 아니었을 거라고

---

*풍토병: 어떤 지역의 특수한 기후나 토질로 인하여 발생하는 병. 예를 들면 열대 지방의 말라리아, 일본의 일본 뇌염 등이 있다.

보는 사람들도 있지요. 몽골의 지배를 받던 중국의 한족 역시 페스트에 감염되었어요. 전염병으로 두 민족 모두 인구가 줄었지만 중국의 한족은 금방 회복시킨 반면 유목민들은 그 이후로 인구를 늘리지 못했어요. 이후 인구를 회복한 민족과 그렇지 못한 민족의 역사는 큰 차이를 보였지요. 몽골 사람들이 만든 나라, 원은 사라지고 중국 한족이 세운 나라, 명이 나타났어요. 결국 몽골 사람들은 중국 내륙에서 쫓겨나 다시금 자신들이 살던 유라시아의 북부 초원으로 돌아갔어요. 역사 속 다른 제국들처럼 몽골 제국 역시 전염병으로 인해 그 세력이 꺾였는지도 모릅니다.

기동력이 뛰어났던 몽골의 군대는 미생물들의 차단막이었던 우랄산맥을 거뜬히 넘었어요. 몽골 군사들과 함께 페스트균도 산맥을 넘어갔지요. 또한 몽골

군대는 사막의 오아시스에서 오아시스로 이어지던 비단길 위에 새로운 초원길을 만들어 교역로를 확장했어요. 병균이 퍼질 수 있는 새로운 고속 도로가 생긴 셈이지요. 쉬지 않고 몇 주 동안이나 말을 타고 달릴 수 있는 몽골 제국의 힘이 페스트를 온 세상에 퍼트렸어요. 그리고 결국 자신들도 무너져 버렸답니다.

이 시기에 아프리카에 있는 이집트도 전염병으로 엄청난 희생을 치렀어요. 이때 이집트에 퍼진 전염병이 페스트인지는 확신할 수 없어요. 전염병으로 인구가 급감했다는 기록만 있을 뿐 다른 증거가 없기 때문이에요.

이처럼 유럽뿐 아니라 아시아와 북아프리카에서까지 발생한 14세기의 페스트는 최초의 팬데믹이라고도 볼 수 있어요. 지구의 어느 땅속에서 얌전히 살던 페스트균이 인류의 역사에 미친 영향은 어마어마했어요. 인류에게 페스트균은 너무나도 낯설었고, 면역력이나 저항력이라곤 눈곱만큼도 없었지요. 그로 인해 14세기 전 세계의 인구는 엄청나게 줄었고, 커다란 사회적 변화가 일어났습니다.

봉건제의 붕괴와 르네상스 시대의 도래

페스트의 발병으로 영주의 땅에서 농사를 짓던 수많은 농민이 한꺼번에 죽었어요. 영주는 농사를 지어 줄 사람이 귀해졌고, 살아남은 사람들은 굳이 땅에 매일 필요가 없었어요. 어디를 가든 지주들은 농민을 환영했으니까요.

공동체 생활을 하는 수도원에서는 피해 규모가 더 컸어요. 종교가 매우 중요했던 중세 사회에 성직자들이 많이 부족해졌지요. 그러자 자질이 부족한 사람들이 성직자가 되는 일이 늘어났어요. 이들은 그렇지 않아도 공포와 혼란이 가득한 사회에 어처구니없는 미신과 이단을 퍼트리기도 했어요. 사람들이 미심쩍은 눈초리로 의문을 제기하면, 그들은 제대로 된 대답은 하지 않고 윽박질

렸어요. 종교는 부패했지요. 루터의 종교 개혁(1517년)의 씨앗이 뿌려진 것입니다.

또한 성직자들을 중심으로 지식을 도맡았던 라틴어도 힘을 잃었어요. 여기저기에서 영어나 프랑스어 같은 일상 언어로 된 글이 쓰이기 시작했지요. 성직자들뿐 아니라 많은 지식인들, 전문 기술자들, 예술가들도 목숨을 잃었어요. 예술가들의 영감을 자극하는 여행도 금지되었고, 교류도 끊어졌어요. 예술의 수준은 후퇴하고 페스트로 인한 암울한 그림들만 쏟아져 나왔지요. 예술 문화 곳곳에 세상을 비관하는 염세주의 성향이 두드러졌습니다.

뜻밖의 변화도 있었어요. 사람은 죽어도 금은보화는 썩지 않지요. 전염병으로 사람들이 죽어 나가자 살아남은 사람에게 많은 재산이 상속되는 일이 종종 발생했어요. 갑자기 부자가 된 졸부의 출현은 패션 산업을 성장시키는 동력이 되었어요. 정치 군사적인 분야에서도 마찬가지였지요.

14, 15세기는 백 년 전쟁을 비롯한 수많은 전쟁과 반란이 있었어요. 백 년 전쟁은 영국과 프랑스 사이에 일어난 전쟁이에요. 영국과 프랑스가 오랫동안 영토 싸움을 하던 '플랑드르' 지역(오늘날 벨기에, 프랑스, 네덜란드)은 정치적으로는 프랑스가, 경제적으로는 영국이 지배하고 있었어요. 프랑스의 왕위 계승 과정에 영국이 개입하려 했고, 이에 프랑스가 프랑스 영토 안에 있는 영국 땅을 빼앗고 플랑드르를 공격하며 전쟁이 시작되었지요.

초반에는 바다를 건너온 영국이 커다란 활과 대포로 프랑스를 이겼어요. 그런데 이때 온 유럽에 페스트가 퍼지는 바람에 전쟁이 중단되었지요. 1415년, 다시 영국과 프랑스의 싸움이 벌어졌을 때 프랑스는 위기에 빠졌지만 잔 다르크의 활약으로 위기에서 벗어날 수 있었어요. 그 후 프랑스는 줄기차게 반격했고, 1453년 영국이 프랑스 영토에서 물러나며 백 년 전쟁은 막을 내렸습니다.

백 년 전쟁이 끝나자 폭력 사태는 수그러들었고, 소수의 권력자에게 재정과 군사력이 집중되었어요. 영국과 프랑스는 왕권이 크게 강화되어 봉건 시대에서 근세 시대로 넘어가는 계기가 되었지요. 중앙 권력의 지배력에 영향을 덜 받는 도시에서는 독립적인 도시 국가가 생겨났어요. 프로이센과 이탈리아는 때맞춰 열린 새로운 바닷길을 통해 엄청난 부를 모았고, 곧 이들 도시를 중심으로 르네상스 시대가 열렸어요. 신의 시대는 저물고 인간 중심의 르네상스 문화가 화려하게 꽃을 피우기 시작한 것입니다.

4. 천연두, 말라리아, 황열병, 아메리카 대륙을 휩쓴 전염병들

서아시아에서 강대국으로 성장한 오스만 제국(현재 터키)에 의해 비단길이 막히자 유럽인들은 아시아(인도)로 가는 새로운 길을 찾아야 했어요. 그 결과 유럽에서 아시아로 가는 새로운 바닷길이 열렸어요. 1492년 콜럼버스의 신대륙* 발견 역시 이러한 맥락에서 이루어졌습니다.

독립적으로 문명을 발전시켜 가던 아메리카 대륙의 사람들이 유럽인들과 마주쳤을 때 그들의 운명은 참혹해졌어요. 반면 생각지도 못한 아메리카 대륙의 등장에 유럽인들은 매우 놀라워했고 그들의 세계관이 완전히 달라졌습니다.

어딘가에 있다고 하는 황금의 나라 '엘도라도'를 찾아 많은 유럽인들이 아메리카 대륙으로 건너왔어요. 식민지 개척의 역사가 시작된 것이지요. 에스파냐 왕실의 후원을 받은 콜럼버스는 서인

---

*콜럼버스가 죽을 때까지 인도라고 생각한 곳은 산살바도르섬이다. 원주민은 '과나하니섬'으로 불렀다고 하는데, 현재까지도 정확한 섬의 위치를 모른다. 그 땅이 유럽인이 몰랐던 신대륙이라는 것을 발견한 탐험가 '아메리고 베스푸치'의 이름을 따서 신대륙을 아메리카로 부르게 되었다는 설이 있다.

도 제도의 히스파니올라섬에 최초로 식민지를 세웠어요. 아메리카 대륙에서 발전하고 있던 아스테카, 마야, 잉카 문명은 콜럼버스 이후 진출한 코르테스, 피사로의 군대에 의해 순식간에 무너졌어요. 신대륙에 들어온 유럽인들은 원주민을 상대로 학살과 약탈을 저질렀지요. 신대륙에서 약탈해 온 엄청난 금과 은을 바탕으로 에스파냐는 약 200년간 최고의 황금기를 누렸어요.

에스파냐에는 축복이었는지 몰라도 아메리카 원주민들에게는 대재앙이었지요. 에스파냐 군대는 어떻게 아메리카 대륙의 여러 문명을 한순간에 사라지게 했을까요?

아스테카 제국을 침략한 코르테스

14세기에서 16세기까지 오늘날의 멕시코 지역에 자리 잡고 있던 아스테카 제국은 세 개의 도시 국가, 테노치티틀란, 텍스코코, 틀라코판의 연맹체였어요. 초기에는 이 부족들이 서로 대등한 관계를 가진 연합 동맹국이었지만, 차츰 테노치티틀란이 군사적, 정치적 우위를 가지게 되었지요. 아스테카 제국은 성립된 직후부터 정복 전쟁을 거듭하면서 정복한 부족들로부터 제물과 공물을 받았어요. 제국의 경제가 공물에 대다수 의존했지만 군사력이 강해서 부유했지요. 각종 범죄에 대한 형벌이 문서로 명시되어 있을 만큼 법 제도도 잘 정비되어 있었고, 일반인들도 의무 교육을

▲아스테카의 수도 테노치티틀란

받았어요. 수학과 천문학, 특히 건축 기술이 뛰어났습니다.

아스테카 제국의 수도 테노치티틀란은 호수 가운데 있는 섬에 자리 잡았는데, 네 개의 둑을 만들어 길을 내고 섬과 육지를 연결했어요. 테노치티틀란의 중심지에는 거대한 사원과 신전이 있었어요. 아스테카인들은 세계가 분열되지 않기 위해서는 신들에게 끊임없이 피의 제물을 바쳐야 한다고 생각했어요. 그래서 아스테카 제국에서는 신에게 바칠 제물을 구하기 위해 주변국과 전쟁을 하곤 했지요. 이들은 이 전쟁을 '꽃의 전쟁'이라고 불렀어요. 어떤 사람을 제물로 바칠지, 몇 명이나 제물로 넘길지 미리 정해 둔 후 전쟁을 시작했어요. 그런데 1450년과 1454년에 엄청난 기근이 발생했고, 아스테카인들은 이를 신의 분노로 받아들였어요. 신의 분노를 풀어 주기 위해서는 많은 재물이 필요했고, 재난 발생을 막으려면 '꽃의 전쟁'이 정기적인 행사가 되어야 했지요. 주변 부족들은 아스테카 제국에서 요구하는 제물의 양이 점점 많아지자 불만이 커졌어요.

바로 이러한 시기에 코르테스 군대가 유카탄반도에 들어왔어요. 코르테스는 에스파냐 출신으로 서인도 제도에 있는 쿠바를 식민지로 만드는 일에 참여하고 있었어요. 그는 유카탄반도에 금이 많다는 소문을 듣고 새로운 식민지를 찾아 나선 것이었지요.

1519년 2월, 코르테스는 배 11척, 말 16필, 병사 500여 명을 이끌고 유카탄반도에 도착했습니다. 그는 그곳에 살고 있던 마야족들과 전투를 벌이면서 주변을 점령해 나갔어요. 마야 문명* 사람들은 커다란 소리가 나는 대포와 사람을 태우고 빠르게 달리는 말에 몹시 당황했지요. 당시 아메리카에는 말이 없었거든요. 코르테스는 마야인들에게 아스테카 제국에 대한 정보를 들었어요. 그중 아스테카인들이 믿는 날개 달린 뱀의 모습을 한 신 '케찰코아틀'이 곧 돌아와 새롭게 나라를 다스리게 될 거라는 이야기가

*마야 문명: 마야 문명은 기원 전후부터 900년까지 과테말라 북부 저지대의 열대 우림을 중심으로 크게 번성했다. 이후 과테말라 남부와 유카탄반도로 이동하여 발전하던 중 황금이 많다는 소문이 퍼져 16세기 중엽 에스파냐에 정복당했다. 살아남은 원주민들은 밧줄을 만드는 데 쓰이는 에네켄, 껌의 원료인 치클, 담배, 목화, 사탕수수, 옥수수, 커피 등을 생산하는 집단 농장의 노예가 되었다.

그의 관심을 끌었어요. 케찰코아틀의 외모가 바로 자신을 가리키는 것만 같았거든요. 코르테스 일행은 일부 부족은 정복하고 일부 부족은 동맹을 맺으며 아스테카 제국으로 들어갔어요.

▲케찰코아틀

당시 아스테카 제국의 황제였던 몬테수마 2세는 코르테스 일행이 자신의 왕국으로 들어온다는 정보를 듣고 그를 기습하려 했어요. 하지만 몬테수마 2세의 기습은 실패로 끝났고, 황제는 도리어 코르테스 일행의 포로가 되었어요. 포로가 된 황제와 함께 수도인 테노치티틀란으로 들어온 코르테스 일행은 신의 사절로서 대접을 잘 받았다고 해요.

천연두 바이러스로 사라진 아스테카 제국

당시 유럽인들에게 신대륙은 돈과 명예를 거머쥘 기회의 땅이었어요. 탐험가라는 이름으로 포장한 정복자들 간의 경쟁, 지위 다툼, 배반이 치열했지요. 쿠바섬에서 식민 통치를 하고 있던 에스파냐의 총독은 코르테스의 승승장구에 심기가 불편했어요. 결국 코르테스를 제거하기 위해 군대를 보냈지요. 코르테스는 이를 막기 위해 잠시 수도를 비워야 했어요. 이즈음 아스테카 제국에서 열리는 봄의 축제에 사람들이 모여들자 수도에 남아 있던 코르테스의 부하는 아스테카인들이 반란을 일으키려 한다 생각해서 축제를 즐기던 1만여 명의 아스테카 귀족들을 죽여 버렸어요. 그렇지 않아도 의심쩍은 눈으로 코르테스 일행을 바라보던 아스테카인들은 분노하기 시작했어요.

한편 코르테스는 쿠바에서 보낸 총독 군대와의 전투에서 승리했을 뿐 아니라 총독 군대의 대다수를 자신의 편으로 만들었어요. 더 많은 부하를 데리고 돌아온 코르테스는 달라진 테노치티틀란의 분위기에 몹시 당황했지요. 그는 포로로 잡고 있던 황제에게 시민들을 진정시키라고 했어요. 하지만 황제의 연설을 들은 군중들은 더욱 분노하며 손에 창과 화살, 돌을 들었어요. 이때 황제가 죽는데, 에스파냐인들과 아스테카인들은 서로 다른 기록을 남깁니다. 에스파냐인들은 분노한 군중들이 무능한 황제를 죽였다고 기록했고, 아스테카인들은 에스파냐의 군대가 황제를 죽였다고 기록했답니다.

이날 밤 아스테카인들의 돌팔매에 코르테스의 병사들 대다수가 목숨을 잃었어요. 1520년 6월 코르테스와 몇몇 사람들만 겨우 목숨을 건져 테노치티틀란을 빠져나올 수 있었지요. 하지만 뒤쫓는 아스테카의 전사들과 계속 전투를 치르며 달아나야 했어요. 갖은 고생 끝에 코르테스 일행은 동맹을 맺었던 틀락스칼라에 도착했어요. 그곳 사람들은 아스테카 제국의 과도한 제물(인신 공양) 요구에 분노하고 있었기 때문에 코르테스 일행과 함께 아스테카 제국을 공격하기로 했지요. 그렇게 해서 에스파냐인 400명과 약 2,000명의 틀락스칼라인으로 구성된 동맹군은 오툼바에서 테노치티틀란-텍스코코-틀라코반타쿠바로 구성된 4만 명의 아스테카 삼각 동맹군을 만나게 되었어요.

엄청난 병력 차이에도 오툼바 전투에서 코르테스 군대는 놀랍게도 승리를 거둡니다. 코르테스의 군대가 빠른 기마병을 활용

▲마누엘 로드리게스 데 구즈만이 그린 오툼바 전투

하여 아스테카군의 지휘관부터 죽였기 때문이지요. 지휘관을 잃은 아스테카군은 전부 흩어져 달아나기 시작했어요. 아스테카 제국에는 전쟁 중 지휘관이 다치거나 죽으면 신의 뜻이라 생각해서 전쟁에서 물러나는 관습이 있었기 때문이지요.

비록 오툼바 전투에서는 패했지만 아스테카 제국에는 여전히 많은 전사들이 있었어요. 코르테스와 충분히 싸워 볼 만했지요. 그런데 코르테스의 군대에는 자신들도 몰랐던 엄청난 무기가 있었어요. 바로 천연두 바이러스였지요. 아스테카 제국에서는 '어느 날 갑자기' 온몸에 열이 나면서 콩알만 한 종기가 돋아나고, 사람들이 맥없이 죽기 시작했어요. 새로 즉위한 황제마저 천연두로 죽었지요.

콜롬버스가 식민지로 삼은 히스파니올라섬에서부터 시작된 천연두는 1520년 아메리카 대륙에 상륙한 걸로 보여요. 천연두는 코르테스 일행을 제외한 거의 모든 아메리카 원주민을 공격했지요. 이 전염병이 육로를 통해 어떻게 전파되었는지는 구체적으로 알 수 없어요. 하지만 아스테카인들이 볼 때 이것은 에스파냐군을 공격한 자들에게 내리는 신의 징벌과도 같았어요. 전염병은 코르

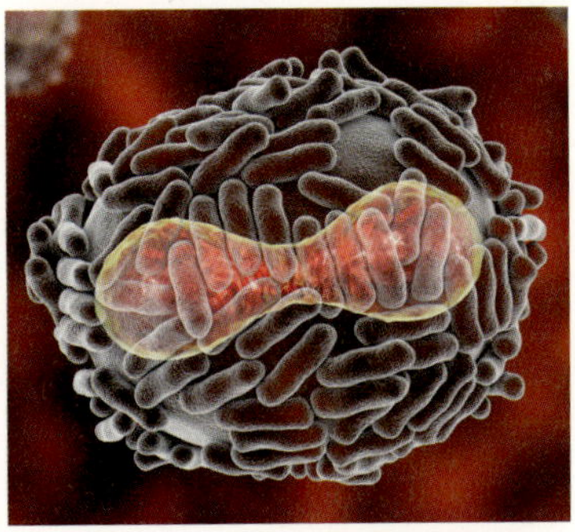
▲천연두 바이러스

테스가 테노치티틀란에서 빠져나온 넉 달 뒤부터 시작되었고, 아스테카인들은 모두 쓰러지는데, 에스파냐인들은 아무렇지도 않았으니까요.

지금 우리는 '코르테스 일행들이 대부분 전염병에 면역력이 있었구나.' 하고 쉽게 생각할 수 있어요. 어렸을 때 천연두에 감염되면 어른이 되어서는 걸리지 않는다는 걸 아니까요. 하지만 이 사실을 몰랐던 당시 사람들은 전염병을 신이 내린 무서운 징벌이라고 믿었어요. 아스테카인들뿐만 아니라 에스파냐인들도 마찬가지였지요.

전염병의 확산에도 불구하고 아스테카 제국의 마지막 황제는 최후의 항전을 준비했어요. 모든 국경 수비대를 불러들인 후 수도 테노치티틀란으로 들어오는 네 개의 둑길 중 세 개를 부수고 하나만 남겼지요. 그런데 아스테카인들 사이에 예상하지 못한 균열이 생겼어요. 코르테스 군대가 테노치티틀란으로 돌아왔을 때 호수 근처에 살던 아스테카인들(텍스코코 부족)이 코르테스의 편에 서기로 결정한 거예요. 텍스코코 부족의 배신은 아스테카에 천연두 못지않은 치명타였어요. 텍스코코 부족은 아스테카 제국에 오래된 불만과 분노가 있었고, 감히 신의 노여움(전염병)을 사고 싶지 않았어요. 하지만 그들 역시 전염병을 피하진 못했어요.

결국 1521년 8월 13일 아스테카 제국은 항복하고, 코르테스 일행은 테노치티틀란을 점령했어요. 코르테스는 테노치티틀란의 이름을 멕시코시티로 바꾸고 금은처럼 귀중한 물건들은 모조리 에스파냐로 옮겼어요. 이후 300여 년 동안 에스파냐는 이 지역을

다스렸습니다.

코르테스가 소수의 군대로 아스테카 제국을 쓰러뜨릴 수 있었던 것은 천연두라는 전염병 때문이었어요. 하지만 아스테카 제국이 멸망한 후에도 아메리카 원주민들은 소수의 에스파냐인들을 몰아내지 못했어요. 그 어떤 원주민도 에스파냐인들을 신이라고 생각하지는 않았을 거예요. 설혹 신으로 믿은 사람이 있다 할지라도 금방 알게 되었겠지요. 에스파냐인들은 잔혹했고, 비열하기까지 했으니까요. 다만 그런 침략자들을 신이 일방적으로 보호해 준다는 걸 이해할 수 없었겠지요. 심지어 자신들이 섬겼던 신들마저 침묵하고 있었으니 아스테카인들은 절망했을 거예요. 전통적인 권력과 믿음이 무너지자 저항할 힘이 사라져 버린 건지도 몰라요. 전염병은 아스테카인들의 육신뿐만 아니라 마음까지 완전히 죽였던 거예요.

무너진 태양의 제국

1501년 중앙아메리카에 위치한 파나마 지역에 에스파냐인들이 들어왔어요. 그 뒤를 이어 도착한 바스코 발보아*에 의해 약 75만 명의 원주민이 살던 파나마는 에스파냐의 식민지가 되었어요. 그러다가 1519년 파나마시티가 세워지면서 행정부가 대서양에서 태

*바스코 발보아: 탐험가이자 정복자. 1513년 유럽인 최초로 남태평양을 발견했다.

평양 쪽으로 옮겨졌어요. 이후 파나마는 잉카 제국*(현재 페루) 정복과 탐험을 위한 전초 기지이자 식민지의 금과 은을 에스파냐로 옮겨 가는 수송의 중심지로 발전하게 되었지요.

이때 파나마의 시장이었던 피사로는 코르테스가 아스테카 제국을 정복했다는 소식을 들었어요. 피사로는 자기도 어서 빨리 남쪽 어딘가에 있을 황금의 나라 '엘도라도'를 찾기 위해 원정대를 꾸렸지요. 하지만 기후 문제와 풍토병으로 피사로의 원정대는 두 번이나 철수해야 했어요. 그러다가 1528년 4월에 북부 페루 지방에서 마침내 원주민들과 황금을 발견하게 되었어요. 피사로는 약탈한 황금에 만족하지 않고 다시 원정을 떠났어요.

이즈음 아스테카 제국을 휩쓸었던 천연두가 남아메리카로 점차 내려왔어요. 1526년에는 이미 잉카 제국까지 침범해 있었지요. 잉카 제국은 아메리카에서 가장 거대한 제국이었답니다. 그들은 자신들의 왕을 '태양의 아들'이라고 불렀고, 수도인 쿠스코에 모든 행정과 군사, 종교가 집중되어 있었어요. 또한 제국 곳곳으로 이어진 약 3만 킬로미터나 되는 도로를 통한 물물 교환도 활발했어요. 천연두 역시 이 발단된 도로를 통해 제국 전체로 퍼져 나갔

---

*잉카 제국: 안데스산맥을 중심으로 13세기 초 페루의 고원 지대에서 발생한 문명. 1438년부터 1533년까지 약 95년 동안 잉카는 다양한 방법으로 주변 부족을 통합하여 최전성기를 이루었다. 정복한 부족의 후계자를 자신들의 수도인 쿠스코에 인질로 데려와 충성을 강요하기도 하고, 자신들의 언어를 공식 언어로 삼고, 태양신을 섬길 것을 강요하기도 했다. 화폐는 사용하지 않았으나 물물 교환을 통한 무역은 활발했다. 대표적인 유적지는 마추픽추이다.

지요.

남쪽으로 항해하던 피사로 일행은 해안가에 사는 부족들의 강한 반발을 피해 내륙으로 원정을 이어 가고 있었어요. 그는 마침내 잉카 제국의 영토까지 들어왔어요. 잉카 제국은 그들을 반기지 않았어요. 그들의 탐욕을 알아챘기 때문이지요. 하지만 불행히도 당시 잉카 제국의 황제는 수도를 벗어나 북쪽에서 군대를 지휘하던 중 천연두로 사망했고, 왕위 계승자마저 죽고 말았어요. 적통 후계자가 없어진 잉카 제국은 몹시도 혼란스러웠지요.

이때 피사로의 군대가 당시 잉카 제국의 새로운 황제와 마주쳤고, 황제를 포로로 잡았어요. 피사로는 커다란 방에 황금을 가득 채워 주면 황제를 풀어 주고 자신들도 물러가겠다고 했어요. 잉카인들은 커다란 방에 황금을 가득 채웠어요. 하지만 피사로는 약속을 지키지 않고 황제를 불태워 죽였어요. 잉카인들은 피사로의 군대에 저항하려 했지만, 천연두의 확산으로 움직일 수 있는 사람이 거의 없었어요.

1535년 1월에 피사로는 현재 페루의 수도인 리마를 새로 세웠어요. 이후 리마는 멕시코시티와 함께 에스파냐의 아메리카 식민지 지배의 중심 도시로 성장하게 된답니다. 한편 잉카 제국을 사라지게 한 피사로는 그와 함께 잉카 정복에 나섰던 일행과의 다툼으로 리마에서 죽음을 맞았다고 해요.

홍역, 발진 티푸스, 말라리아로 이어지는 전염병

천연두로 아메리카 인구의 3분의 1이 순식간에 희생되었어요. 하지만 이것이 끝이 아니었어요. 또 다른 전염병이 아메리카 땅을 뒤덮었지요. 유럽인들은 아메리카 대륙에 끊임없이 새로운 질병을 가져왔어요. 1530년부터 1531년까지 홍역이 아스테카 제국과 잉카 제국에 퍼졌어요. 1546년에는 아마도 발진 티푸스*였을 것으로 추정되는 또 다른 전염병이 번졌지요. 이 병은 유럽에서 전투 중이던 에스파냐 군대에서 최초로 발생하여 아메리카 대륙까지 건너온 것으로 보여요.

발진 티푸스는 아메리카 원주민뿐 아니라 유럽에서도 많은 사람을 희생시켰어요. 이제 인류는 신세계, 구세계 할 것 없이 함께 전염병의 영향을 받게 되었어요. 16세기부터는 아메리카 원주민도 유라시아 대륙에서 유행 중인 전염성 질병의 영향권 안에 들어가게 된 것이지요. 그런데 유라시아에서는 풍토병으로 정착한 사소한 질병도 면역력이 전혀 없는 아메리카 원주민에게는 치명적인 전염병이 되었어요. 아메리카 사람들은 16세기와 17세기 내내 디프테리아와 유행성 이하선염, 간헐적으로 발생하는 천연두와 홍역으로 계속 죽어 갔어요.

---

*발진 티푸스: 사람의 몸에 기생하는 '이'를 매개로 전염되는 질병이다. 심한 두통과 고열, 근육통 그리고 환각을 보기도 한다. 1812년 프랑스의 나폴레옹 군대가 러시아 원정에 실패한 원인 중 하나이기도 하다. 혹독한 시베리아의 추위와 함께 군인들 사이에 퍼졌던 발진 티푸스로 나폴레옹 부대는 빈손으로 돌아와야만 했다.

에스파냐와 포르투갈이 주도한 유럽의 아메리카 식민지 지배가 시작된 지 80년이 넘었을 즈음 원주민들을 보호하려는 노력이 일어났어요. 하지만 에스파냐 선교사들의 정성 어린 노력에도 불구하고 멕시코와 페루에서는 많은 사람이 죽었어요. 120년 동안 무려 아메리카 원주민의 90퍼센트 이상이 사라지고 말았답니다. 유럽인들은 몸속에 자신들도 몰랐던 면역력이 있었을 뿐이지 전염병을 치료할 수 있는 의료 기술을 갖추고 있었던 건 아니었어요. 속절없이 쓰러지는 아메리카 원주민들을 구할 수가 없었지요.

살아남은 사람들이 받은 충격은 어땠을까요? 그들은 상상할 수도 없는 고통을 겪었을 거예요. 엄청난 재앙으로 그들이 가졌던 제도와 문화, 종교, 모든 것이 무너졌어요. 물려받아야 했을 각종 기술과 지식도 사라졌지요. 스스로에 대한 자부심도 사라지고, 무기력하게 에스파냐인들이 우월하다는 주장을 받아들일 수밖에 없었을 거예요. 덕분에 에스파냐인들은 자신들의 문화와 언어를 원주민들에게 그대로 이식할 수 있었지요.

하지만 새로운 지배 계층이 된 에스파냐인들에게도 원주민들의 인구 감소는 큰 문제였어요. 세금을 납부하고 노동을 제공해야 할 사람들을 잃는 거니까요. 17세기부터 멕시코에는 플랜테이션이라는 대규모 농장이 등장했는데, 여기에는 많은 노동력이 필요했어요. 하지만 전염병이 휩쓴 아메리카는 거의 텅 빈 땅이나 마찬가지였지요.

그러자 부족한 노동력을 충원하기 위해 아프리카에서 흑인들을 노예로 끌고 오기 시작했어요. 이제 아프리카의 병원균까지 아메리카로 들어오게 된 거예요. 아프리카 노예의 등장으로 말라리아와 황열병이 나타났어요. 특히 말라리아는 원주민들뿐 아니라 에스파냐인들을 포함한 백인들도 많이 죽였어요. 말라리아균에 감염된 모기들은 아메리카 원주민들뿐 아니라 백인들의 피도 빨아 먹었으니까요. 그러나 대농장을 유지하려는 농장주들의 욕심으로 카리브해의 항구 도시에서는 끊임없이 노예선이 들어왔어요. 그리고 아프리카에서 노예들이 새로 들어올 때마다 아메리카에서는 새로운 질병이 나타났다 사라지곤 했답니다.

아이티의 독립을 가져온 황열병

15세기에서 19세기까지 약 1200만 명이 넘는 사람들이 아프리카에서 아메리카로 보내졌어요. 이들은 사탕수수 같은 돈이 되는 작물을 대규모로 재배하는 농장에 노예로 팔려 갔지요. 하지만 한 가지 작물만을 대규모로 재배하는 농법은 토양을 척박하게 만들었고, 곧이어 새로운 산업이 발달하게 되었어요. 새로운 산업은 노예보다는 노동자를 필요로 했기 때문에 노예 제도는 그다지 유용하지 않았어요.

더불어 말라리아와 황열병의 유행으로 아메리카에서 흑인 노예 제도의 폐지가 이루어지기 시작했어요.(하지만 실제 미국에서 노예 해방은 남북 전쟁 직후인 1865년에야 비로소 이루어졌지요.) 1791년, 프랑스에서 '자유, 평등, 박애'를 외치며 프랑스 혁명이 일어났을 때, 프랑스의 식민지였던 서인도 제도 아이티에서도 반란이 일어났어요. 흑인 노예들이 플랜테이션 농장을 불 지르고, 농장주들을 학살하기 시작했어요. 그때 아메리카 대륙에서의 백인과 흑인 인구 비율은 1 : 15로 흑인이 압도적으로 많았어요. 흑인들의 인구 비율이 높은 건 사회 경제적인 상황이 달라진 이유도 있겠지만, 말라리아에 대해 흑인이 백인보다 면역력이 강했기 때문이었어요.

프랑스 혁명 정부는 아이티의 노예 제도를 폐지했지만, 권력을 잡은 나폴레옹은 다시금 노예 제도를 부활시켰어요. 그는 흑인들을 진압하기 위해 아이티에 군대를 보냈어요. 그런데 1802년 아이티에서 황열병이 또다시 대유행했어요. 황열병은 말라리아처럼 모기에 물려 감염되는데, 감염되면 피부가 노랗게 변한다고 해서 '황열병'이라는 이름이 붙었어요. 심하면 눈이 안 보일 정도로 두통이 있고 검은 피를 토하다가 죽었어요.

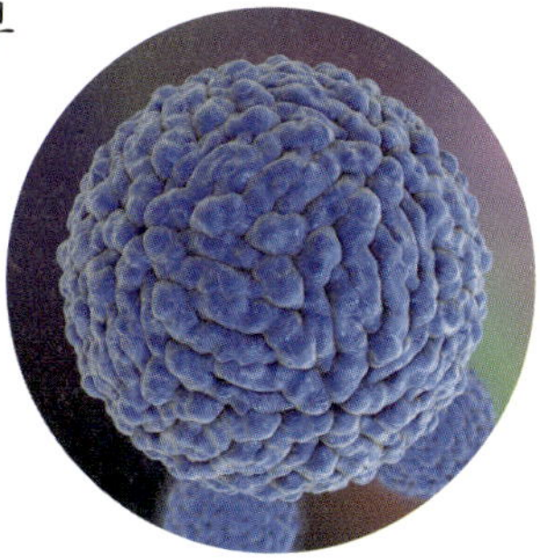

▲황열 바이러스

아이티로 들어온 프랑스 군인들은 흑인

15만 명을 죽였어요. 하지만 프랑스 군인들도 약 5만 명 정도가 죽었지요. 바로 황열병 때문이었어요. 황열병에 시달린 프랑스 군인들은 자신들의 고향으로 돌아가고 싶어 했고, 결국 프랑스는 아이티에서 철수했어요. 그렇게 프랑스의 군대가 물러나고 1803년 아이티는 아메리카에서 처음으로 독립을 하게 되었어요. 아이티의 독립을 시작으로 서서히 아메리카에서 노예들의 반란이 늘어났고, 노예 제도는 서서히 사라지게 되었어요. 눈에 보이지도 않는 작은 병원균에 의해 거대한 아메리카 대륙의 역사가 완전히 바뀌게 된 거예요.

세계사 이모저모_콜럼버스의 교환

유럽→아메리카

동물 고양이, 소, 닭, 돼지, 말, 토끼 **식물** 사과, 오렌지, 커피, 사탕수수, 양파 **병균** 천연두, 인플루엔자, 페스트, 콜레라, 발진 티푸스, 말라리아, 홍역 등

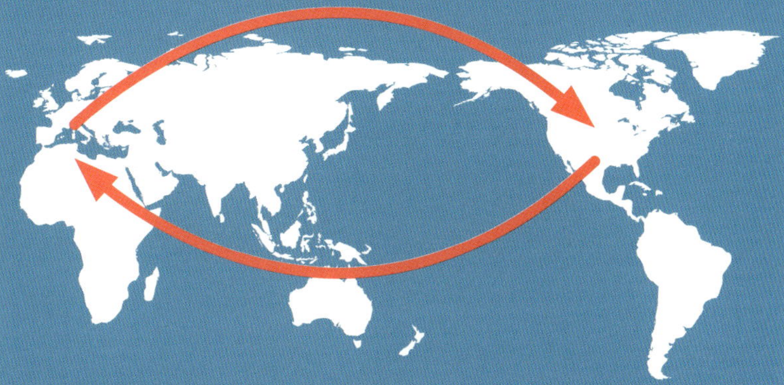

아메리카→유럽

동물 알파카, 밍크, 기니피그, 칠면조, 야마 **식물** 용설란, 선인장, 아보카도, 강낭콩, 고추, 피망, 블루베리, 치클, 카카오, 구아바, 해바라기, 옥수수, 땅콩, 파인애플, 감자, 고구마, 호박, 담배, 토마토 **병균** 매독 등

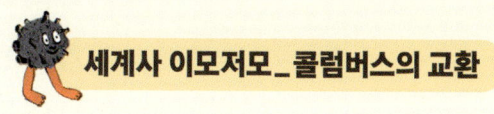

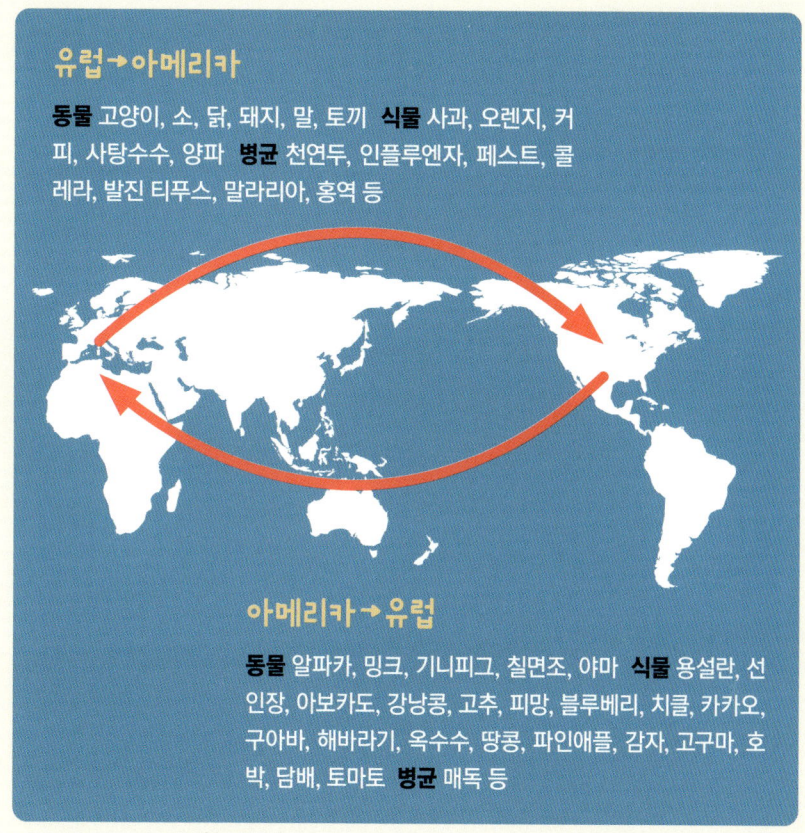

유럽인들은 콜럼버스의 발견으로 아메리카 대륙을 알게 되었어요. 이후 두 대륙 사이에는 많은 동식물이 오고 갔지요. 이것을 콜럼버스의 교환이라고 해요. 전염병으로 많은 아메리카인이 희생되었지만, 인류는 감자, 옥수수 등 아메리카에서 가져온 작물로 굶주림에서 벗어날 수 있었어요. 그런데 전염병은 아메리카 대륙으로 들어오기만 한 게 아니었어요.

콜럼버스가 유럽으로 돌아온 1493년부터 전염성이 강한 매독*이 퍼졌어요. 이탈리아와 프랑스는 전쟁 중일 때 매독에 대해 처음 알게 되었지요. 그래서 이탈리아 사람들은 '프랑스병', 프랑스 사람들은 '이탈리아(나폴리)병'이라고 불렀어요. 에스파냐와 감정이 좋지 않았던 네덜란드에선 에스파냐병, 러시아에선 폴란드병, 폴란드에서는 독일병, 터키에선 기독교병이라고 불렀어요. 훗날 우리나라(조선)에서는 중국에서 넘어왔다고 '중국(당)병'이라고 했어요. 병의 이름만 보아도 당시 각 나라들이 어떤 나라를 싫어했는지 알 수 있지요.

어쨌든 질병의 교환에 있어서 아메리카 대륙의 피해는 너무나도 컸어요. 이런 불균형은 아메리카 대륙의 자연적 환경 때문이었어요. 아마도 아메리카인들은 유럽인들이 아메리카에 들어가기 전에는 그다지 질병에 걸리지 않았던 것 같아요. 기근이 들어 굶주림에 의해 병이 들었다는 기록은 있지만 질병에 대한 기록은 거의 없기 때문이에요.

아메리카 대륙에서는 왜 치명적인 질병이 없었을까요? 대부분의 질병, 특히 전염병은 동물에게서 인간으로 넘어오는 경우가 많아요. 아메리카 대륙에는 가축으로 길들일 만한 동물이 없었기 때문에 그로 인한 전염병이 발생하지 않았을 거라고 보고 있어요. 아메리카의 대표적인 동물인 라마와 알파카의 경우만 보더라도 전염병을 일으킬 만큼 큰 무리를 지어 사는 동물이 아니니까요. 반면 유라시아 사람들은 오랜 문명의 역사를 통해 가축을 길들였고, 또 문명의 교류를 통해 조금씩 수많은 질병을 체험해 왔어요. 그 외에 높은 산맥이나 사막 같은 다양한 지형 또한 아메리카에서 질병이 퍼지는 걸 차단했을 거예요. 이런 이유로 아메리카 사람들은 여러 질병을 경험하지 못했고, 질병에 대

*매독은 아메리카에서 건너왔다는 설이 일반적이지만, 원래부터 유라시아에서도 존재했는데 1400년대부터 병원체의 독성이 강하게 바뀌었다는 주장도 있다.

항할 수 있는 면역력이 없었어요. 그래서 병원체에 갑자기 노출되었을 때 속수무책으로 쓰러졌고, 인구가 급감하게 되었지요.

천연두 백신의 발견

천연두는 천연두 바이러스에 의해 발생하는 급성 전염병으로 열이 나면서 감염된 지 약 2일 후부터 콩알 크기의 작은 발진이 생겨요. 운 좋게 살아남아도 발진의 흔적이 흉터로 남는 경우가 많고, 감염된 사람과의 접촉으로 감염되는 무시무시한 병이었지요. 한번 천연두를 앓으면 면역이 생겨 다음에는 병을 앓지 않았지만, 천연두는 아메리카 문명뿐 아니라 유럽과 아시아의 문명권에 속한 모든 인류에게 두려운 질병이었어요. 그러다가 19세기 영국 의사 에드워드 제너에 의해 백신이 개발되었고, 인류는 끝내 천연두 바이러스를 지구에서 없앨 수 있게 되었어요. 제너의 백신 발견은 인류 역사에 매우 획기적인 사건이었어요. 그러나 모든 일이 그러하듯 백신의 개발 또한 온전히 제너만의 업적

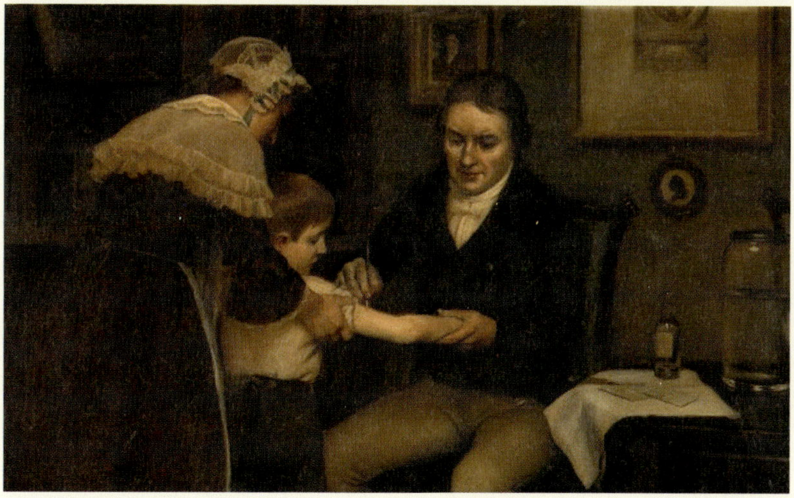

▲에드워드 제너

이 아니었어요. 조금 깊이 들여다보면 백신의 개발이 인류 공동의 자산이라는 걸 알 수 있지요.

1798년 제너는 우두법을 연구했어요. 우두는 소에게 걸리는 천연두로, 인간에게는 전염되어도 병을 일으키지 않았어요. 바이러스 세계에서는 매우 특이한 성질인데, 에드워드 제너는 바로 이 점을 활용했지요. 그는 우두에 걸린 소의 고름을 인간에게 접종시키는 '우두 접종법'을 개발했어요. 아시아에서 시행되던 '인두 접종법'을 응용한 것이었지요. 인두 접종법은 천연두에 걸린 환자의 고름을 아이들에게 미리 접종시켜 면역력을 키워 주는 것으로 15세기 아시아에서는 이미 널리 사용하던 방법이에요.

1720년 남편을 따라 오스만 제국에 갔던 메리 워틀리 몬터규 부인이 인두 접종법을 가지고 영국에 왔어요. 그녀는 인두법을 알리고 예방 접종 캠페인을 벌이기도 했지요. 그런데 유럽에서는 아시아에서보다 목숨을 잃거나 얼굴에 큰 흉터를 남기는 경우가 훨씬 많았어요. 유럽에서는 인두를 접종할 때 피를 많이 뽑아야 했는데, 전통적으로 거의 모든 병의 치료에 피를 뽑는 사혈법이 자리 잡고 있었기 때문이었지요. 약한 병원균을 넣어 항체를 만들겠다는 의도였는데, 다량 출혈로 몸이 쇠약해진 상태에서 바이러스를 집어넣는 건 위험한 일이었어요.

에드워드 제너의 우두 접종은 그러한 인두 접종보다 효과적이고 매우 안전했어요. 소의 천연두 바이러스는 인간에게는 질병을 일으키지 않으니까요. 하지만 에드워드 제너의 우두 접종도 처음에는 사람들의 반대가 매우 심했어요. '영국우두접종반대협회'가 만들어질 정도였지요. "소 고름을 맞으면 소로 변한다."라는 괴소문도 퍼져 나갔어요. 하지만 1802년에 영국 정부는 제너에게 1만 파운드의 연구비를 지원해 주었고, 제너는 더욱더 안전하게 시술하는 방

▲사회 비평가 제임스 길레이의 그림. 우두 접종이 사람을 소로 변하게 한다는 소문이 잘 드러나 있다.

법을 찾았어요. 세계 각지에서 쏟아지는 연구비와 기부금으로 그는 사람들에게 널리 무료로 예방 접종을 해 주기도 했어요. 얼마 지나지 않아 제너는 모두가 인정하는 영국의 자랑이 되었지요. 인류를 천연두의 고통에서 벗어나게 해 주었으니까요.

인류는 1890년대가 되어서야 질병을 일으키는 원인이 미생물이라는 사실을 알게 되었어요. 우두법이 발견된 지 백 년이 지나서야 그 효과를 학문(면역학)적으로 설명할 수 있었지요. 천연두는 인류가 처음으로 전염병과의 싸움에서 확실하고 직접적으로 대항할 수 있게 된 유일한 병원균이에요. 에드워드의 종두법은 이후로도 약 2세기 동안 동서양을 넘나들면서 천연두 바이러스를 지구에서 서서히 사라지게 했어요. 동서양 의학의 교류가 이루어 낸 놀라운 성과이지요.

5. 콜레라와 결핵, 제국주의와 자본주의로 퍼진 전염병들

이른바 대항해 시대라고 불리는 16세기, 유럽은 신세계를 개척하는 사업에 온 힘을 쏟았어요. 그중에서도 가장 발 빠르게 나선 나라는 포르투갈이었어요. 헨리 왕자의 후원으로 포르투갈의 탐험가 바스쿠 다 가마는 희망봉을 돌아 인도로 가는 항로를(이를 통해 아시아에 매독이 들어왔어요.), 그리고 페드로 카브랄은 남미의 브라질을 발견했지요. 이후 포르투갈은 일약 강국으로 떠올랐고, 수도 리스본은 세계적인 상업 도시가 되었지만 얼마 지나지 않아 에스파냐에 합병되었어요. 아메리카 대륙에서 들어오는 막대한 황금으로 최강국이 된 에스파냐를 당해 낼 수는 없었어요.

이를 보고 있던 다른 유럽의 군주들도 식민지를 개척하고 싶었지만, 해군을 파견할 만한 경제적 여유가 없었어요. 그래서 은밀히 해적선들을 지원하면서 경쟁 상대국의 선박(주로 에스파냐 선박이 목표였어요.)을 약탈하도록 장려했지요. 해적들은 약탈한 전리품 중 일부를 자신들을 지원해 준 군주에게 상납했어요. 당시 영국의 여왕이었던 엘리자베스 1세가 자신에게 엄청난 금을 갖다 준 해적 프랜시스 드레이크에게 기사 작위를 내린 이야기는 유명하지요. 여왕은 심지어 드레이크의 처벌을 강력히 요구하는 에스파냐의 외교관들이 보는 앞에서 그에게 기사 작위를 주었답니다.

화가 난 에스파냐는 1588년 무적 함대로 불리던 아르마다 함대로 영국을 공격하기로 했어요. 총 137척의 배에 병사 3만 명을 싣고 영국의 도버 해협으로 향했지요. 당시의 해전은 우리가 영화 속에서 익숙하게 보는 해적선의 약탈과 비슷해요. 달아나지 못하게 대포를 쏘아 돛을 망가뜨린 후 접근하여 쇠갈퀴로 상대의 배를 끌어당겨 올라탄 후 싸우는 것이지요. 당시 기술로는 포격을 가해 적선을 침몰시키는 것은 무리였어요. 기껏해야 부서진 배를 불태워 침몰시키는 정도였지요.(비슷한 시기 우리나라에서는 임진왜란 중 거북선의 포격으로 일본의 배들을 모조리 침몰시킨 한산도 대첩이 있었답니다.)

영국군의 사령관이었던 해적왕 드레이크는 에스파냐보다 사정거리가 조금 더 긴 포탄을 사용하여 에스파냐 함대에 맞섰어요. 이때 영국 함대는 바람을 등지고 싸우는 전략을 이용하여 전투에 승기를 잡을 수 있었어요. 이 시기에 계속해서 불어오는 남서풍을 영국에서는 '프로테스탄트* 바람'이라고 불렀어요. 에스파냐

*프로테스탄트: 16세기 종교 개혁의 결과로 로마 카톨릭에서 떨어져 나와 성립된 분파. 신교, 개신교라고도 한다.

는 영국의 프로테스탄트교를 매우 못마땅하게 여겼는데, 침공의 목적에는 프로테스탄트교를 없앤다는 명분도 있었다고 해요.

영국군은 갤리선보다 조금 빠른 갤리언선의 우수한 기동성과 사정거리가 긴 대포를 활용하여 에스파냐 함대의 뒤를 졸졸 따라가면서 끈질기게 공격을 퍼부어 배 세 척을 불태웠어요. 에스파냐의 아르마다 함대는 부서진 배들을 이끌고 북쪽으로 달아났지요. 그런데 불행히도 거기에서 폭풍을 만나 대부분의 배가 침몰당하고 맙니다. 지중해의 잔잔한 바다에 익숙한 에스파냐 함대가 아일랜드의 거친 바다를 미처 경험해 보지 못했기 때문이었어요. 심하게 부서진 54척의 배만이 에스파냐로 돌아올 수 있었지요.

이 전투 이후로 영국은 서서히 바다의 해상권을 장악했고, 세계 최강의 해군력을 갖춘 나라로 거듭나게 되었어요. 물론 이 전투로

▲에스파냐의 무적함대

에스파냐가 몰락하거나 영국이 곧바로 최강 해상 강국이 된 것은 아니에요. 식민지에서 꾸준히 들어오는 황금으로 에스파냐는 오랫동안 해상 강국의 자리를 유지했어요. 또한 무적함대라는 말은 실은 영국에서 붙여 준 별명이라고 해요. 1571년 벌어진 레판토 해전에서 에스파냐의 함대가 오스만 제국의 함대를 격파했는데, 그렇게 강한 상대를 영국이 이겼다는 자부심에서 무적함대라는 별명을 짓게 되었다지요.

에스파냐·네덜란드·영국·프랑스 등 유럽 각국은 어느 정도 부를 쌓게 되자 해적에게 더 이상 의존하지 않고 자국의 해군을 파견하기 시작했어요. 1750년부터는 해적질을 하지 말자는 의미로 상호 호혜적*인 해상 통로를 확보했고, 이로써 해적선들은 서서히 모습을 감추게 되었답니다.

대영 제국을 만들어 준 우두 접종

대영 제국이라는 말을 들어 본 적 있나요? 대영 제국은 1607년 아메리카 식민지를 시작으로 1947년 인도 독립, 길게는 1997년 홍콩이 반환되기까지 식민지를 거느린 제국으로서의 영국을 일컫는 말로 앵글로색슨 제국이라고도 불러요. 최전성기 때는 세계 육지 면적의 4분의 1과 세계 인구의 6분의 1을 보유했고, 영토 면

---

*호혜적: 서로 특별한 혜택을 주고받는 것.

적으로는 역사상 최대, 인구수로는 당대 최대의 규모를 자랑했지요.

영국은 1607년부터 서서히 식민지 건설을 구체화하여 서인도 제도에 위치한 카리브해의 무인도와 인도 벵골 지방과 캐나다의 퀘벡주를 차지했어요. 식민지 쟁탈전에서 경쟁 관계에 있던 프랑스와의 7년 전쟁에 승리함으로써 이루어 낸 성과였지요.

7년 전쟁은 1756년부터 1763년까지 유럽을 중심으로 벌어진 대규모 전쟁을 말해요. 프로이센 왕국, 오스트리아 제국, 러시아 제국, 영국, 프랑스 왕국, 스웨덴, 에스파냐 등 당시 유럽 열강들과 포르투갈 왕국이나 독일과 이탈리아의 크고 작은 제후 국가들까

지 이 전쟁에 참전했지요. 아시아 쪽에서는 무굴 제국, 프랑스와 영국의 식민지가 있는 신대륙에서는 원주민들까지 싸움에 참여하며 전쟁의 규모가 커졌어요.

이 전쟁에서 승리한 후 영국은 300년 이상 엄청난 규모의 식민지를 가진 최대 제국으로 성장하게 됩니다. 이러한 영국의 성장에는 빠른 인구 증가가 중요한 역할을 했어요. 이 무렵 유럽에서는 17세기 과학의 혁명 시대라 불릴 만큼 자연 과학이 성장했고 더불어 합리적인 사고방식이 유행했어요. 그리고 페스트와 말라리아와 같이 사람들을 괴롭히던 전염병이 사라졌지요. 영국 정부는 에드워드 제너의 우두 접종을 국민들에게 적극 권장했고, 천연두로 인한 사망이 급격하게 줄었어요. 이를 지켜본 유럽 전역에

서도 경쟁적으로 우두 접종을 실시했지요. 그 결과 1800년대에는 유럽 어디에서나 급속하게 인구가 늘어나기 시작했답니다.

아일랜드 대기근을 만든 박테리아

유럽인들은 아메리카 대륙에서 건너온 감자를 처음에는 '악마의 식물'이라 생각했어요. 시체를 묻듯 감자 덩이를 땅에 묻어야 한다거나 감자 덩이를 잘라내도 죽지 않고 싹이 나는 등 감자의 특성이 낯설었기 때문이지요. 게다가 독성이 있는 감자의 잎이나 줄기를 먹고 중독되는 경우도 많았어요. 그래서 감자를 먹으면 전염병이 생긴다는 소문이 퍼지기도 했어요.

하지만 감자는 척박한 땅에서도 잘 자라고 생산량도 매우 많았기 때문에 유럽 각국에서는 농민들에게 감자 재배를 권했어요. 프랑스와 독일 등지에서는 가축들에게 먹일 목적으로 감자를 재배했는데, 아일랜드 사람들은 사람들이 먹기 위해 감자를 재배했어요. 물론 아일랜드에서도 밀과 옥수수가 많이 자랐지만 그런 곡식들은 전부 영국으로 가져갔어요. 19세기 초 영국 연방에 속해 있던 아일랜드는 영국의 식민지나 다를 바가 없었어요. 아일랜드 사람들이 먹을 수 있는 건 오로지 감자밖에 없었던 거예요.

그런데 1840년대부터 갑자기 유럽 지역에서 재배하는 감자들

▲감자 역병에 걸린 감자

▲감자 역병에 걸린 감자 잎

이 말라 죽기 시작했어요. 잎사귀와 줄기에서 검은 반점이 생겨나더니 감자가 썩기 시작했지요. 감자를 숙주로 삼는 감자 역병이 번진 거예요. 감자 역병은 페루에서 건너온 감자에 기생하는 곰팡이 박테리아 때문에 생기는 병이에요. 감자 역병의 원인이 된 곰팡이는 한번 번식하기 시작하면 그해 농사를 망칠 뿐 아니라 겨울에 포자 형태로 버티다가 봄에 또다시 살아났어요. 감자 역병이 돌면 감자밭 전체가 완전히 썩어 버렸지요.

1845년 어느 날부터 아일랜드에도 감자 역병이 돌기 시작했어요. 먹을 게 없어진 아일랜드 사람들은 하나둘씩 굶어 죽기 시작했어요. 굶주린 사람들은 마치 살아 있는 시체 같았지요. 아일랜드에서는 영국 연방에 도움을 청했지만 묵살당했어요. 영국 연방에선 감자 역병이 도는 것이 하나님의 뜻이라고 했어요. 심지어 '게으르고 멍청한' 아일랜드 사람들 탓이니 어쩔 수 없다고도 했지요. 영국인 대지주들은 소작료를 내지 못하는 아일랜드 소작인들을 내쫓기도 했어요. 많은 사람들이 길거리에서 굶어 죽었어요. 거리에는 시체가 쌓였고 전염병이 돌았지요. 아일랜드 사람들은 먹을 것을 찾아 벨파스트에 있는 빈민 구제기관으로 모여들었어요.

뒤늦게 몇몇 영국인들이 아일랜드 사람들을 위해 영국 정부에 식량을 부탁했어요. 하지만 원조받은 식량은 너무 적었고, 아일랜드 사람들을 구제하기에는 너무 늦었어요. 아일랜드 대기근을 취재한 한 영국 기자는 당시 아일랜드를 전 국민이 거지인 나라라고 표현했어요. 길거리에는 시체가 산을 이루고 마을은 황폐해져 마치 지옥 같다고 말했지요.

아일랜드 대기근으로 불리는 이 사건으로 100만여 명의 사람들이 굶어 죽었고, 100만여 명은 미국이나 캐나다로 떠났어요. 당시 아일랜드의 인구는 약 800만 명이었는데 4분의 1인 200만 명이 굶어 죽거나 이민을 떠난 거지요. 하지만 이민을 가는 것 역시 쉽지 않았어요. 비위생적인 배의 환경과 더불어 쇠약해진 사람들 사이에서는 병이 쉽게 퍼졌어요. 결국 외국으로 가는 배를 탔던 사람 중 60퍼센트는 배 안에서 발진 티푸스에 걸려 죽고 말았어요. 캐나다 몬트리올에는 무려 2만 5,000명이 함께 매장된 공동묘지가 있어요. 당시 캐나다로 이주하려다 배 안에서 전염병으로 죽은 아일랜드인들의 무덤이랍니다.

감자에 기생하는 곰팡이 박테리아로 감자 농사를 망친 건 사실이에요. 하지만 모든 유럽 사람이 굶어 죽은 건 아니었어요. 망친 감자 농사가 대기근으로 이어진 건 아일랜드인들의 식량을 약탈하고 굶주린 아일랜드인들을 외면한 영국인들 탓이지요. 지금도 대다수 아일랜드인이 영국에 좋지 않은 감정을 가지고 있는 건 '아일랜드 대기근'의 영향이라고도 할 수 있어요.

산업 혁명과 함께 전 세계로 퍼져 나간 콜레라

1750년부터 1850년까지 약 100여 년 동안 북서 유럽을 중심으로 산업 혁명이 일어났어요. 산업 혁명은 정말 많은 것을 변화시켰지요.

많은 사람이 돈을 벌기 위해 농촌을 떠나 도시로 몰려들었어요. 그런데 산업화된 도시는 너무나도 비위생적이었어요. 공장의 굴뚝에서 나오는 매연뿐만 아니라 마실 수 있는 깨끗한 물도 없었지요. 깨끗한 물은 맥주보다 더 비쌌어요. 일부 귀족들에게는 개인적인 수세식 화장실이 있었지만 대부분의 집에서는 그냥 집 밖에 구덩이를 파서 화장실로 이용했어요. 여기저기 넘친 배설물과 쓰레기가 쌓여 있었지요. 비가 오면 배설물들은 거리를 가로질러 강으로 흘러 들어갔어요. 영국 런던의 템스강은 폐수가 가득 찼고, 도시 사람들은 이 강물을 다시 식수로 사용했

어요. 이런 상황이었으니 영국의 런던이나 포르투갈의 리스본 같은 대도시에는 언제나 장티푸스, 발진 티푸스, 결핵, 독감 같은 온갖 질병들이 득실거렸지요.

게다가 증기 기관차나 대형 선박 같은 운송 수단의 발달로 무역은 더욱 활발해졌고, 새로운 질병이 더 자주 나타났어요. 전염병이 전 세계로 퍼지는 속도 역시 상상할 수 없을 정도로 빨라졌지요. 이때 유럽인들에게 너무나도 낯설고 새로운 질병이 등장했어요. 그 질병의 이름은 콜레라였습니다.

콜레라는 기원전 4000년 전부터 인도의 벵골 지역에 있었던 풍토병이었어요. 인도 사람들은 갠지스강을 매우 성스럽게 생각하여 지금도 그곳에서 목욕을 하고, 시체를 화장하여 강에 뿌린답니다. 그래서 아득히 먼 옛날부터 갠지스강에서는 축제나 종교적 행사가 많았어요. 종교적 의식에 참여했던 사람들은 다

른 감염증과 함께 콜레라에도 걸리기 쉬웠지요. 인도반도에서도 콜레라로 많은 사람이 죽었지만 시간이 흘러 인도에서는 콜레라가 풍토병이 되었어요. 하지만 유럽인들에게 콜레라는 처음 접한 너무나도 끔찍하고 무서운 병이었지요.

콜레라는 물속에서도 오랫동안 살 수 있는 '비브리오 콜레라 박테리아'에 의해 일어나는 감염병이에요. 몸 안에 들어온 콜레라 박테리아는 숫자가 급속히 늘어나면서 설사와 구토, 고열을 일으켜요. 콜레라에 걸리면 발병한지 몇 시간 만에 죽기도 한답니다. 콜레라 박테리아가 우리 몸속 장 세포가 물을 흡수하지 못하게 하기 때문이에요. 감염자는 몸 안의 물을 설사로 배출하면서 심한 탈수 상태에 빠지게 되지요. 사람의 몸은 약 70퍼센트가 물로 되어 있는데, 이 중 12퍼센트만 없어도 목숨을 잃게 된답니다. 아무리 건강한 사람이라도 콜레라에 걸리면 몇 시간 만에 끔찍한 모습으로 변해요. 소금과 당이 든 물을 공급해 주지 않으면 환자의 몸속 혈관이 두꺼워지면서 모세 혈관이 터져 버리고 맙니다. 그래서 피부가 검푸르게 변하지요. 결국 환자는 혈압이 떨어져 사망하게 돼요.

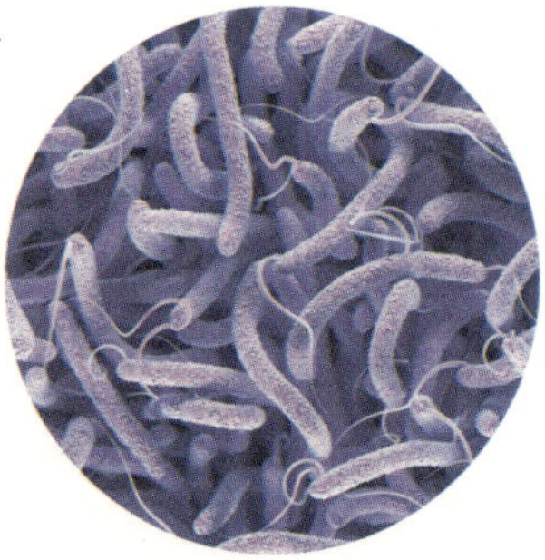
▲비브리오 콜레라 박테리아

1817년 인도에 콜레라가 발생했을 때 콜카타 항에는 영국 군대의 함대와 무역 선박이 있었어요. 당시 영국은 인도를 식민지로 삼고 있었거든요. 훗날 콜레라의 역학 조사*로 알려진 바에 따르면 군함과 무역선들에 의해 콜레라가 전 세계로 퍼졌을 거라고 해요. 대형 선박들은 안정적인 항해를 위해 배의 밑바닥에 물을 적당히 싣는데, 아마도 콜카타 항에서 콜레라 박테리아에 오염된 물을 실었고, 다음 정박지에서 물을 바꿔 싣는 과정에서 콜레라가 퍼졌을 거라고 보고 있지요.

영국 군함은 자신들과 전투를 벌이던 네팔과 아프가니스탄에 콜레라를 퍼트렸고, 콜레라는 히말라야산맥을 넘어 동남아시아로, 중국을 거쳐 우리나라(당시 조선)에까지 퍼졌어요. 또 무역선의 경로에 따라서는 아라비아와 페르시아만을 이어 러시아 남부까지 번졌어요. 지역에 따라 수천, 수만 명이 며칠 만에 죽었답니다.

사람들은 매우 큰 충격을 받았어요. 급하게 모든 선박을 검역하고, 알고 있는 온갖 방법을 써 보았지요. 하지만 전혀 효과가 없었어요. 유럽의 도시에 퍼진 콜레라에 희생된 사람들은 주로 가난한 사람들이었어요. 생활 환경이 나빠서 콜레라에 노출되기 쉬웠기 때문이에요. 사람들은 공포에 휩싸였고, 혼란한 분위기 속에서 부자들은 서둘러 도시를 빠져나갔어요. 무시무시한

---

*역학 조사: 전염병의 발생 원인과 특성을 알아보는 일.

▼콜레라가 가져온 죽음에 대한 그림

콜레라의 확산은 1824년 초에 사그라들었어요. 추운 날씨로 콜레라 박테리아가 활동을 못한 것이 아닐까 추측하지만 확실하게 밝혀진 바는 없어요.

이후로도 콜레라의 세계적인 유행이 몇 차례 더 있었어요. 40여 번이나 나타난 곳도 있었지요. 인도의 벵골에서 시작된 두 번째 유행 때는 콜레라가 이슬람의 성스러운 메카에 이르렀고, 성지 순례자들에 의해 유럽의 각 도시와 전 세계로 번져 나갔어요. 거기에 경제 상황이 나빠질 것을 우려한 유럽의 무역상들이 선박의 검역을 방해하는 바람에 콜레라는 영국과 아일랜드로도 퍼졌어요. 이후 콜레라는 아일랜드 이민자들을 따라 대서양을 넘어 아메리카로 옮겨졌고, 결국 남극을 뺀 전 세계가 콜레라에 감염되고 말았답니다.

펌프 손잡이로 콜레라를 막아 낸 존 스노

콜레라가 한창 유행하던 때 영국 런던에는 존 스노라는 의사가 있었어요. 그는 당시 통치자였던 빅토리아 여왕이 무통 분만으로 아이를 낳을 때 마취를 담당하기도 했어요. 존 스노는 콜레라의 원인을 파악하기 위해 콜레라가 확산하는 모습을 통계로 정리하기 시작했어요.

▲존 스노

당시 유럽 의사들 사이에서는 질병의 원인에 대해 두 가지 견해가 부딪히고 있었어요. 질병은 나쁜 공기(미아스마)가 일으킨다는 독가스파와 상한 음식이나 외국 음식 등 질병을 전달하는 어떤 매개체에 의해 감염이 된다는 전염파가 있었지요. 존 스노는 전염파였어요. 그는 자신의 통계 자료를 바탕으로 질병이 어떤 매개체에 의해 전파된다고 확신했어요.

존 스노는 질병을 전파하는 매개체와 전파 방법만 알면 질병을 차단할 수 있을 거라고 생각했어요. 1848년부터 그는 콜레라가 유행할 때마다 누가 가장 먼저 병에 걸렸는지, 어떻게 전파되었는지를 조사하기 시작했어요. 역학 조사의 첫걸음이라고 할 수 있지요. 런던의 빈민가를 헤매면서 콜레라의 역학 고리를 조사한 결과, 1854년 첫 희생자 집 근처에 있는 공공 펌프로부터 콜레라가 확산되었다는 걸 알게 되었어요. 펌프에 연결된 물에 콜레라를 퍼뜨리는 무언가가 있다고 생각한 그는 사람들을 설득해서 펌프 손잡이를 없애 버렸어요. 그러자 사람들이 그 펌프를 사용하지 않게 되었고, 그 일대에는 콜레라 환자가 발생하지 않았어요.

하지만 사람들은 그 뒤로도 오랫동안 물을 매개로 콜레라가 전염된다는 걸 받아들이지 못했어요. "모든 냄새는 질병이다."라고 외치면서 도시를 청소하자고 하던 에드윈 채드윅은 벌컥 화를 내기도 했어요. 쓰레기를 치우고 거리를 포장하고 수세식 화장실을 사용하게 하는 자신의 도시 개선 사업을 망칠까 봐 겁이 났던 거예요. 하지만 깨끗한 파이프로 도시의 상하수도*를 만들어 깨끗한 물을 공급하는 것도 중요한 도시 재정비 사업의 하나였으니 문제 될 건 없었지요.

독가스파와 전염파의 논쟁은 존 스노가 죽은 지 30년 후 독일의 로베르트 코흐에 의해 끝이 납니다. 로베르트 코흐가 콜레라를 일으키는 '비브리오 콜레라 박테리아'를 발견하여, 질병의 원인이 미생물임을 증명해 냈거든요. 하지만 당시로서는 미생물의 존재를 믿기 어려웠나 봐요. 여전히 "세균 따위는 없어!"라고 외치면서 콜레라 박테리아가 든 배양액을 벌컥벌컥 마셔 버린 과학자도 있어요. 그만큼 미생물을 부정하고 싶었나 봐요. 놀랍게도 그 과학자는 콜레라에 걸리지 않았다고 해요. 아마도 그는 엄청 강한 위액을 가지고 있었던 게 아닐까요? 콜레라 박테리아는 염산에 매

---

*하수도관은 여러 고대 문명과 로마에도 있었다. 하지만 비가 오지 않으면 배설물이 그 자리에 그대로 있었다. 채드윅이 추진한 하수도관은 평상시에도 충분한 물을 흘려보내 배설물이 한자리에 머물지 못하게 하는 것이었다.

우 약하거든요.

몇 차례 콜레라가 휩쓸고 지나가면서 많은 희생자가 발생하자 유럽의 도시에서는 위생 개혁이 시작되었어요. 콜레라 덕분에 도시가 깨끗해진 거지요. 이제 시민들은 깨끗한 물을 마시면서 잘 정비된 도로 위를 거닐 수 있게 되었어요. 각 가정의 더러운 물과 배설물을 여과 장치를 통해 강으로 흘려보내는 근대적 도시가 등장한 거예요.

19세기 콜레라가 전 세계적으로 유행하자, 20여 개의 나라가 모여 '국제 위생 회의'를 했어요. 이후 몇 차례의 회의를 거쳐 1907년 프랑스 파리에 '국제공공위생사무소(OIHP)'를 만들었지요. 이 국제기구가 훗날 세계보건기구로 발전하게 되었답니다.

결핵, 자본주의 산업화 도시의 그림자

19세기 콜레라가 유럽 사회에 가져다준 충격은 엄청났지만, 실제 유럽에서는 콜레라로 죽은 사람보다 결핵으로 죽은 사람이 더 많았어요. 콜레라는 너무나도 순식간에 끔찍한 모습으로 사람을 죽였는데, 결핵은 서서히 오랫동안 사람을 병약하게

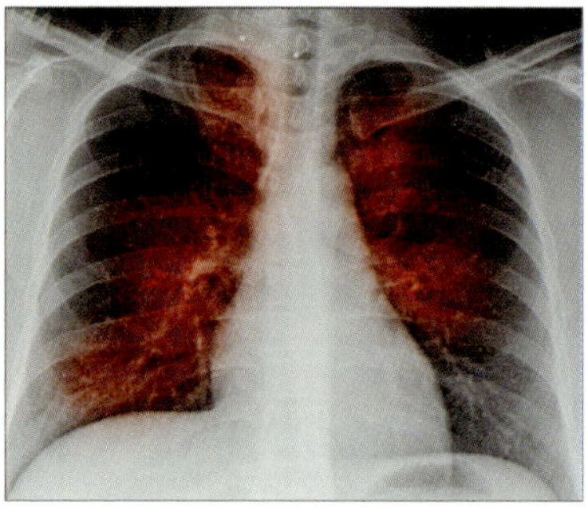
▲결핵에 걸린 폐 엑스레이

만들면서 죽음에 이르게 했지요. 결핵은 19세기에 등장한 낭만주의에 어울리는 병이었어요. 병에 걸린 사람의 얼굴은 새하얗고, 뺨은 붉게 달아오르고 몸은 아주 말라 갔어요. 그래서 결핵에 걸린 사람을 미인병*에 걸렸다고도 하고, 당대의 예술가나 천재 같은 유명한 사람들이 이 병에 걸린 경우가 많아서 천재병**이라고 불리기도 했어요. 미인이 되고 싶어서, 자신의 천재적 자질을 뽐내고 싶어서 결핵에 걸리고 싶어 하는 사람이 있을 정도였지요. 이런 잘못된 인식은 로베르트 코흐가 질병의 원인인 결핵균을 발

*존 에버렛 밀레이의 그림 〈오필리아〉와 가브리엘 로세티의 〈축복받은 베아트리체〉의 모델이 결핵 환자였다.

**결핵에 걸린 당대의 유명인들로는 데카르트, 칸트, 쇼팽, 발자크, 도스토옙스키가 있다.

견할 때까지 이어졌어요.

사실 결핵은 아주 오래된 질병이에요. 선사 시대 사람의 유해*에서도 결절과 같은 결핵의 증거가 발견되었고, 이집트 파라오의 미라에서도 결핵의 흔적을 볼 수 있지요. 고대 그리스의 의사인 히포크라테스 역시 피를 토하고 열이 나는 결핵을 사람의 생명력을 잡아먹는 '소모병'이라고 기록하고 있어요. 예로부터 있었던 결핵이 19세기 들어 갑자기 유행한 데에는 자본주의 사회의 산업화에 그 원인이 있어요.

19세기 유럽의 대도시는 석탄을 원료로 하는 공장에서 내뿜는

*유해: 주검을 태우고 남은 뼈. 유골.

매연과 도시로 몰려든 사람들로 가득했어요. 사람들은 좁은 집에 모여 살았지요. 우리에게 동화로 익숙한 성냥팔이 소녀와 굴뚝을 청소하는 소년이 이 시대의 아이들이었답니다. 좁고 어두운 공장에서 사람들은 하루 16시간 이상 작업을 해야 했어요. 왜 공장이 어두웠냐고요? 바로 '창문세' 때문이에요. 창문이 여섯 개 이상 있는 집은 '창문세'라는 세금을 내야 했기 때문에 당시 건물에는 창문이 별로 없었어요. 가난한 사람들은 세금을 내지 않기 위해 창문을 벽돌로 막기까지 했어요. 제대로 먹지도 자지도 못해서 영양 상태가 안 좋은 사람들이 밀폐된 공간에 모여서 일을 하고 있는데 누군가 폐렴에 걸려 기침을 한다면 어떻게 될까요?

결핵은 사람들 사이로 조용히 퍼져 나갔어요. 부유한 사람이 감염되는 경우도 있었지만, 가난한 사람들이 걸리는 일이 훨씬

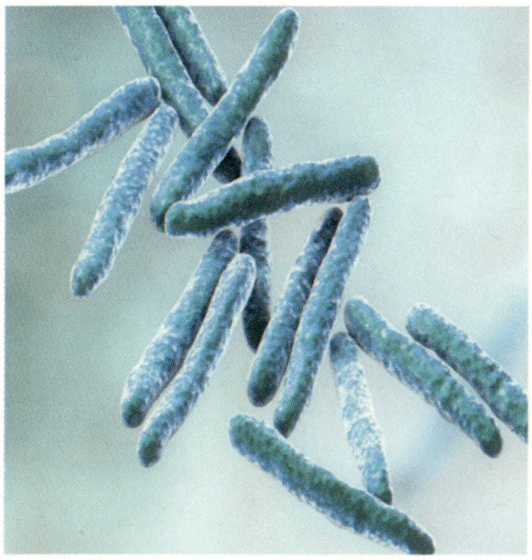
▲결핵을 일으키는 마이코 박테리아

많았어요. 1600~1800년대 유럽의 전체 사망자 수의 4분의 1이 결핵 환자였답니다. 훗날 아시아에서도 산업화가 진행될 때 열악한 환경에 놓인 노동자들 사이에서 결핵이 많이 나타났지요. 가난한 집에서 대대로

이어지는 경우가 많았기 때문에 한 때는 결핵을 유전병으로 생각하기도 했어요. 1882년 로베르트 코흐가 결핵의 원인균인 '마이코 박테리아'를 발견하고 나서야 결핵의 전염성이 밝혀졌지요.

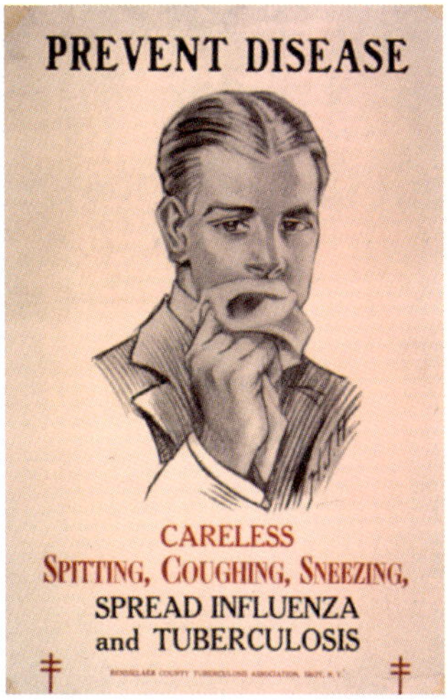

▲결핵과 인플루엔자의 확산을 막기 위한 1920년대 공중 보건 캠페인

이때부터 사람들은 주변에 있을지도 모를 세균으로부터 벗어나려면 청결과 위생이 중요하다는 걸 알게 되었어요. 도시 곳곳에 가래와 침을 뱉는 가래통이 놓이고 표지판이 내걸렸어요.

그런데 결핵은 환자의 영양이나 면역 상태에 따라 드러나는 증상이 완전히 달랐어요. 환자 중 50퍼센트는 대개 1~2년 안에 발병하지만, 나머지 50퍼센트는 병에 걸린지도 모른 채 살아가다가 몸이 몹시 허약할 때 증상이 나타나기도 한답니다.

결핵의 원인균은 밝혀냈지만 아직 치료제인 항생제가 없는 상황이었어요. 항생제가 나오기 전까지 결핵을 치료하는 최선의 방법은 공기 좋은 시골에서 잘 먹고 잘 쉬는 것이었지요. 아니면 갈비뼈를 뜯어내거나 폐를 잘라 내야 했어요. 하지만 이 방법은 효과가 없었을뿐더러 엄청나게 고통스러웠지요.

콜레라와 결핵을 겪으며 위생 개념이 생겼고, 도시와 국가에서는 공공 보건의 개념이 확립되었어요. 국민의 수와 체력이 곧 국력이라는 인식이 생겼고, 깨끗한 도시가 근대 문명국가의 상징이 되었답니다.

6. 식민 지배를 막은 말라리아와 제1차 세계 대전을 끝낸 스페인 독감

19세기 유럽 사람들은 아메리카, 아시아, 아프리카로 뻗어 나갔어요. 미국과 오스트레일리아, 뉴질랜드 등으로는 이민을 갔고, 아시아에는 군사력을 앞세우면서 무역을 요구했지요. 이러한 시기를 제국주의 시대라고 합니다. 그런데 유럽인들은 아프리카 대륙으로는 쉽게 진출하지 못했어요. 지리상으로는 다른 지역보다 훨씬 가까운데도 말이지요.

아프리카는 아시아 다음으로 인구가 많고 면적이 넓은 대륙이에요. 유럽인들은 15세기부터 아프리카 대륙의 해안가에서 무역 활동을 했어요. 주요 거래 품목은 노예와 황금, 상아와 후추였지요. 유럽인들이 아프리카 대륙 안쪽으로 들어가지 못한 것은 말라리아와 황열병 때문이었어요. 말라리아는 모기를 매개로 감염되는 병으로, 모기는 이 병의 날아다니는 감염 주사기였지요. 열대열 말라리아, 사일열 말라리아, 난형 말라리아, 삼일열 말라리아, 네 종류가 있어요. 이 중 아프리카 밀림에 서식하는 열대열

원충에 의한 말라리아는 매우 치명적이었어요. 말라리아는 면역력도 일시적이어서 아프리카 사람들도 평생 반복해서 병을 앓았어요. 그러니 말라리아에 전혀 면역력이 없는 유럽인들에게 아프리카의 밀림은 무덤과도 같았지요. 19세기 제국주의 시대, 아프리카에서는 모기만이 아프리카를 구할 수 있다는 내용의 노래가 떠돌 정도였대요.

비록 말라리아의 원인은 잘 몰랐지만, 치료법은 17세기부터 있었어요. 아메리카 안데스산맥에서 건너온 기나나무의 껍질이었지요. 하지만 유럽에 공급되는 기나나무의 양도 적었고, 모든 기나나무 껍질에 약효가 있는 것도 아니어서 사람들은 치료 효과를 믿지 못했어요. 기나나무 껍질의 맛도 엄청 끔찍했고요. 그래서 사람들은 말라리아에 걸려 열이 나면 대부분 설사약을 먹거나 수은을 흡입하는 치료를 택했어요. 당연히 치료로 살아난 환자보다 사망한 환자가 더 많았지요.

그러던 중 1820년 프랑스의 한 약사가 기나나무 껍질에서 말라리아에 약효가 있는 '키니네 알칼로이드'를 추출해 내는 데 성공했어요. 이후 말라리아의 치료제인 '키니네'가 상업적으로 생산되기 시작했지요. 키니네는 우리나라에도 들어왔어요. 1900년대 우리나라에 말라리아 약으로 소개되어 들어온 '금계랍'은 키니네(quinine)에서 따온 이름이에요. 맛이 매우 쓰지만 열이 나면 먹는 만병통치약으로 쓰였지요. 약효가 매우 우수해서 "우두법이 나와 아이들이 잘 자라고 금계랍이 나와 노인들이 오래 산다."라는 유행어가 떠돌았다고 해요.

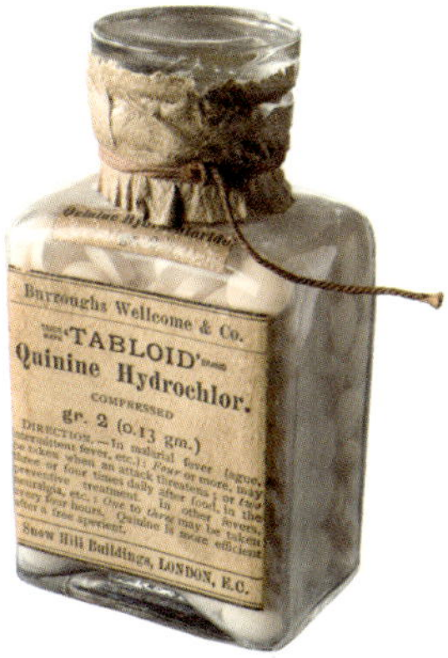

▲키니네 약병

1830년 아프리카 알제리에 주둔하던 프랑스 군대가 처음으로 키니네를 복용하기 시작했고, 알제리는 프랑스의 식민지가 되었어요. 1840년대 중반에 이르자 아프리카에 있는 거의 모든 유럽인이 침대 밑에 키니네 알약을 놓아 두었어요. 덕분에 말라리아에 의한 사망률이 급감했어요. 19세기 말에는 모기가 말라리아를 옮기는 매개체라는 걸 알아내고는 모기의 감염 주기에 대해서도 연구하기 시작했어요.

앞서 말했듯 1820년대부터는 대서양을 건너던 노예 무역이 쇠퇴하기 시작했어요. 산업 구조가 바뀌면서 신대륙 아메리카와 유럽에서 반노예제를 입법화하는 나라가 늘어났지요. 영국의 서아프리카 함대는 노예제가 폐지된 1807년 이후부터 1860년까지의 약 1,600여 척의 노예선을 나포해 15만 명의 아프리카 사람들을 풀어 주기도 했어요. 기존의 노예 무역으로 권력을 유지하던 아프리카의 각 나라에서는 경제적 혼란이 이어졌고, 곳곳에서 내란이 일

AFRICA

어났지요.

19세기를 휩쓸었던 전염병들은 어쩌면 제국주의에 대항하는 자연의 반격이었는지 모릅니다. 하지만 유럽은 새로운 위생 시스템과 획기적인 의료 기술로 병을 예방하는 방법을 찾아냈어요. 유럽의 각 나라에서는 키니네를 들고 아프리카의 영토 쟁탈전을 벌였어요. 아프리카 대륙에 있는 나라는 대부분 식민 국가로 전락했고, 오직 에티오피아만이 겨우 독립국을 유지했어요. 유럽의 식민 지배는 제2차 세계 대전이 끝날 때까지 이어졌어요. 아프리카의 여러 나라들은 전쟁이 끝나고 나서야 독립할 수 있었답니다.

▲1890년의 아프리카 식민지 지도

제1차 세계 대전의 시작

제1차 세계 대전이 일어나기 전까지 유럽인들은 자신들의 문명을 자랑스러워했어요. 과학 기술의 발전, 민주적인 정치 제도, 생활 수준의 향상 등으로 세상을 낙관적으로만 보았지요. 사람들은 이 시기를 좋은 시대였다는 뜻으로 '벨에포크'라고 불렀어요.

하지만 유럽의 실상은 그렇게 아름답지 않았어요. 19세기 초 성립된 민족 국가들은 다른 나라를 경쟁국으로 보았어요. 거기에 산업화가 확산되자 유럽의 국가들은 아시아, 아프리카 등지에서 식민지를 얻기 위해 치열하게 싸웠어요. 원료 공급지와 제품 시장을 확보하기 위해서였지요. 아시아와 아프리카뿐 아니라 유럽의 약소 민족 국가들도 식민지로 전락하여 많은 고통을 받아야만 했어요. 이성의 신뢰, 자유와 진보, 인간의 존엄이라는 구호를 휘날리며 스스로 '문명국'이라고 불렀지만, 이들이 '야만국'이라고 부르는 곳에서는 잔혹한 살육과 강탈을 벌이고 있었지요.

그런데 1914년 발칸반도에서 세르비아의 한 청년이 오스트리아의 황태자 부부를 암살하는 사건이 일어났어요. 발칸반도는 예로부터 '유럽의 화약고'라고 불릴 만큼 전쟁이 잦았던 곳이에요. 유럽과 아시아를 잇는 전략적 이점이 많은 지역이었기 때문이지요. 이 사건을 계기로 제1차 세계 대전이 벌어지게 된 거예요. 오스트리아와 세르비아의 싸움은 여기저기에서 여라 나라가 달라붙는 바람에 점점 커졌지요.

전쟁은 참혹했어요. 길게 늘어선 참호 속에서 병사들은 온갖 배설물과 뒤엉킨 시체를 옆에 두고 총을 쏘아야만 했고, 탱크, 기관총, 공중 폭격, 잠수함, 그리고 독가스 등 당시의 최첨단 무기들이 등장했어요. 오로지 사람을 죽이는 데 최적화된 산업화 무기들이었지요.

보랏빛 죽음의 무기

1918년에 아무도 예상하지 못한 치명적인 무기가 나타났어요. 그 어떤 무기보다 병사들을 많이 죽이는, 심지어 적과 아군을 가리지도 않는 무차별적인 무기였지요. 처음 그 무기는 미국의 캔자스주 해스컬에서 시작했어요.* 전쟁에 참여하기 위해 많은 젊은이들이 훈련소로 입대를 했는데, 그중 해스컬 지역에 사는 독감에 걸린 젊은이도 있었지요. 그가 입소한 포트 라일리는 미국에서 두 번째로 큰 훈련소로, 약 2만 6,000명을 수용할 수 있었어요. 추운 겨울, 훈련소는 막사와 텐트를 다닥다닥 붙여 놓았어요. 추운 날씨 때문인지 감기 증상을 보이는 병사들이 하나둘 생기기 시작했어요. 그런데 환자가 늘어나는 속도가 너무 빨랐어요. 처음 3주 동안에 약 1,100명이 독감에 걸렸고, 38명이 죽었어요. 독감에 걸린 사람은 열이 나고 아프기 시작하면서 3일째부터는 치명적인 폐렴으로 변했어요. 숨을 헐떡거리는 젊은 병사들은 산소

*스페인 독감의 최초 발원지에 대해서는 여러 가지 설이 있다. 미국에서는 참호를 파기 위해 유럽으로 들어온 중국인 노동자들로부터 옮겨 왔다고 하고, 중국은 아니라고 맞서고 있다. 어쨌든 최초 증상 보고는 미국 군대 병영에서의 유행으로, 이곳이 최초 발원지라는 주장은 1957년 아시아 독감, 1968년 홍콩 독감 등 훗날 일어난 조류 독감의 발생으로 비추어 볼 때 충분히 설득력이 있어 보인다.

부족으로 온몸이 짙은 보라색으로 변한 뒤 죽었어요. 독감에 걸려 사람이 죽다니? 이때까지 사람들은 신체 건강한 젊은이가 감기로 죽을 수 있다는 생각은 해 보지도 못했어요. 당시 군인들은 사이토카인 폭풍*으로 사망한 것으로 보여요.

군인들은 수송선을 타고 유럽으로, 세계로 나아 갔어요. 바이러스는 환기도 잘 안 되고 사람들이 따닥따닥 붙어 있는 배 안에서, 혹은 길게 땅을 파서 만든 참호 속에서 더욱 잘 퍼졌고, 많은 젊은이들이 독감으로 죽어 갔지요. 독감은 파도처럼 병사들 사이에서 퍼져 나갔지만 전쟁 중인 그 어떤 나라도 이 소식에 대해서는 입을 다물었어요. 적국에 유리한 정보를 주지 않기 위해서였지요. 이 독감을 모르는 사람은 아무도 없었어요.

1918년 5월, 전쟁에 참여하지 않았던 스페인에서 이 무서운 독

*사이토카인 폭풍: 몸속에 바이러스가 들어왔을 때 면역 물질인 사이토카인이 과다하게 분비되어 정상 세포를 공격하는 현상을 말한다.

감에 대해 보도하기 시작했어요. 스페인 국왕을 포함하여 800만 명이 독감에 감염되었기 때문이었지요. 그래서 이 신종 질병을 흔히 '스페인 독감'이라고 불러요. 하지만 공식 명칭은 '1918년 인플루엔자'입니다.

제1차 세계 대전을 끝낸 스페인 독감

전쟁이 막바지에 이르자 각 나라에서는 총력을 쏟아부었어요. 나라 안의 모든 자원이 총동원됐지요. 모든 공장에서는 군수 물자를 생산하고, 남자들은 무조건 전선에 투입되었어요. 농사는 여자들과 아이들, 노인들이 담당했지요. 하지만 이때 직접 전투에 참여한 여성들도 있었어요. 이들은 전쟁에서 큰 공을 많이 세웠지요. 이 일은 여성들이 투표할 수 있는 권리, 즉 참정권을 갖

게 되는 계기가 되었어요. 미국, 영국, 캐나다(퀘벡주 제외), 독일, 오스트리아, 러시아, 덴마크, 네덜란드, 스웨덴, 아일랜드 등이 전쟁 중에, 혹은 그 직후에 여성들에게 투표권을 인정해 주었어요.

제1차 세계 대전의 결과는 참혹했어요. 많은 사람이 죽거나 다쳤지요. 병사들은 약 1000만 명, 시민들도 약 700만 명이 희생되었어요. 거기에 1918년 스페인 독감이 해일처럼 밀려 들어왔어요. 전쟁 중 영양 부족으로 허약해진 사람들에게 닥친 스페인 독감의 피해는 엄청났어요. 특히나 20~30대 젊은 사람들의 피해가 컸지요. 미국에서는 독감으로 매주 수천 명씩 죽었지만, 사람들은 독감보다는 전쟁에 더 관심이 컸어요. 유럽 언론에서는 독감을 '전쟁의 피로로 인한 일반적인 신경 쇠약'일 뿐이라고 보도했을 정도였지요.

하지만 사람들이 몇천 명씩 죽기 시작하자 몇몇 도시에서는 시민들에게 '마스크를 쓰라'고 경고하기 시작했어요. 그러나 일반 면 마스크는 전혀 효과가 없었어요. 면직물의 작은 구멍 속으로도 수백만 개의 바이러스가 손쉽게 침투할 수 있기 때문이지요. 하지만 당시에는 그 사실을 몰랐어요.* 사망자가 증가할수록 군인은 더 많이 필요했어요. 제1차 세계 대전 당시 사망한 미국 군인 10만 명 중 4만 3,000명은 스페인 독감으로 죽었어요. 전 세계

*바이러스의 실체는 1939년 전자 현미경이 시판되면서 확인되었다.

적으로는 200만 명에서 1억 명 정도가 스페인 독감으로 사망했을 것으로 보고 있지요. 전쟁 중이라 사망자 수를 숨기거나 축소하여 발표했기 때문에 정확한 통계는 알 수 없어요.

1918년 10월, 미국의 도시는 14세기 페스트가 돌던 중세로 돌아간 듯했어요. 장의사들도 시체가 든 관을 만지려 들지 않아 가족들이 직접 시체를 땅에 묻어야 했고, 시체로 가득 찬 트럭이 거리를 달렸지요. 다른 나라들도 마찬가지였어요. 세계 각국에서는 서둘러 전쟁을 끝내야만 했어요.

1918년 11월 11일 마침내 제1차 세계 대전이 끝났어요. 보건 당국의 전문가들은 전쟁의 종결을 축하하는 퍼레이드에 사람들이 몰려드는 것을 걱정했어요. 하지만 승전국에서는 승리로 끝난 전쟁을 축하하는 분위기를 가라앉히고 싶지 않았어요. 결국 보

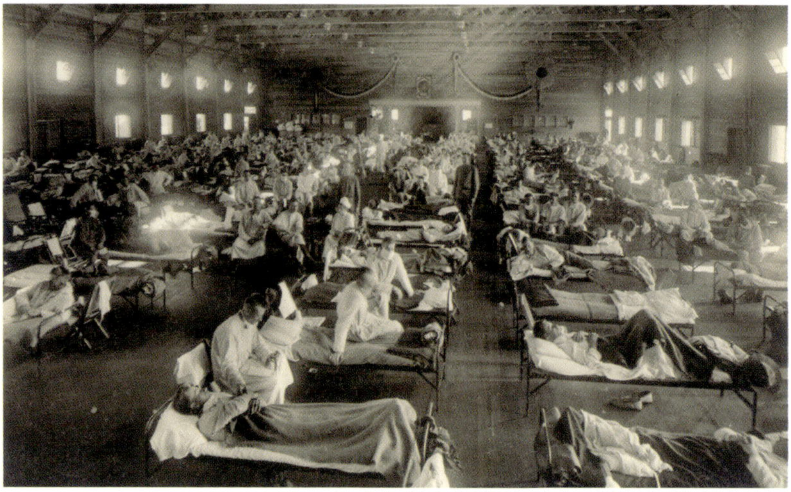

▲1918년 인플루엔자가 유행할 당시 미국 캔자스주에 설치된 구급 병동 모습

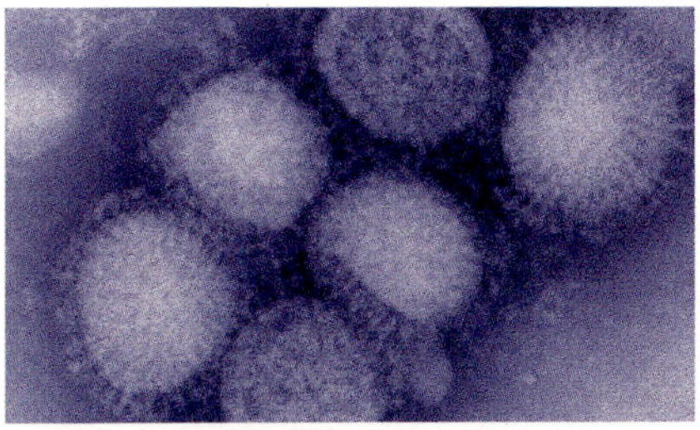
▲1918년 인플루엔자 바이러스

건 당국의 경고는 무시당했고, 사람들은 퍼레이드를 즐겼어요. 그 결과는 참담했지요.

제1차 세계 대전이 끝난 뒤 미국은 가장 영향력 있는 나라가 되었어요. 미국은 전쟁을 끝낼 수 있는 충분한 힘과 경제력을 세계에 보여 주었지요. 수많은 희생과 전쟁의 참상을 경험한 사람들은 전쟁을 반성하면서 '평화'를 외치기 시작했어요. 유명한 인종차별 주의자였던 미국의 윌슨 대통령도 더 이상은 미국이 전쟁에 휘말리지 않기를 원했어요. 전쟁이 끝난 뒤 프랑스 베르사유에서 열린 베르사유 조약에서 윌슨 대통령은 '14개조 평화 원칙'을 들고나왔어요.

이 평화 원칙에는 각각의 민족은 스스로 정치적 운명을 결정할 권리가 있으며, 다른 민족의 간섭을 받을 수 없다는 '민족 자결주의'가 담겨 있었어요. 미국은 힘없는 나라 중에 독립을 원하는 나라가 있다면 도와주겠다고 말하며, 세계 평화를 위해 국제기구인 '국제 연맹'을 창설하자고 주장했어요. 이것은 조선을 비롯한 식민지배로 고통받던 많은 나라들이 독립을 위해 단결 투쟁하는 계기가 되었어요. 하지만 미국 의회조차 윌슨의 민족 자결주의가 이상주의적인 의제라면서 외면했어요.

게다가 윌슨 대통령은 전쟁이 끝나고 맺는 강화 조약에 참석할 수 없었어요. 스페인 독감에 걸려 베르사유 협상 중에 입원을 해야 했기 때문이지요. 그가 없었기 때문일까요, 베르사유 조약은 윌슨이 외쳤던 평화가 아니라 패전국 독일에 복수하는 방향으로 마무리되었어요. 독일은 막대한 배상금과 모든 식민지를 내놓아야 했어요. 엄청난 배상금과 전쟁으로 인한 실업과 인플레이션은 독일 경제를 완전히 망쳐 놓았고, 피폐해진 독일인들은 새로운 지도자인 아돌프 히틀러에게서 새로운 희망을 보게 되었답니다. 제1차 세계 대전을 마무리하는 베르사유 조약에서 이미 제2차 세계 대전의 싹이 움텄던 것이지요.

러일 전쟁을 승리로 이끈 일본의 정로환

정로환이라는 약을 본 적 있나요? 정로환은 러일 전쟁 중 배앓이와 설사로 인한 병력 손실을 막아 준 일본의 설사약이에요. 정로환(征露丸)이라는 이름 역시 러시아를 정벌하는 알약이라는 뜻이지요. 정로환의 '정'은 공격하여 자기 것으로 만든다는 뜻의 칠 정(征)으로, 훗날 바를 정(正)으로 바뀌었어요. '로'는 러시아, '환'은 알약을 의미했다고 해요. 정로환은 특유의 소독약 냄새와 생긴 모양 때문에 '염소똥'이라는 별명이 있답니다.

▲러일 전쟁 당시의 러시아 전함

1904년 발생한 러일 전쟁은 말이 전쟁이지, 사실 일본의 선제공격으로 이루어진 일방적인 전투였어요. 러시아의 주력 해군인 발칸 함대가 대서양을 건너오거나, 러시아의 육군이 시베리아 벌판을 달려 만주까지 오지도 못했어요. 일본 해군은 일방적인 승리를 거두었어요. 게다가 러일 전쟁은 근대에 유럽과 동양이 맞붙어서 동양이 이긴 최초의 전투이기도 했어요. 남쪽으로 내려오려는 러시아를 견제하느라 일본에 재정적 지원을 해 주던 영국을 제외한 전 세계가 놀랐고, 러시아인들은 자존심이 엄청 상했어요. 일본인들은 열광했지요. 일본인들은 러일 전쟁의 숨은 공로가 이 약에 있다고 해서 '정로환'이라고 이름을 붙였어요.

이국땅에 오래 있거나 먼바다에서 한 달 이상 배를 타고 있으면 배앓이를 하게 되지요. 정로환은 이런 때 일본군들이 먹는 구급상비약이었어요. 세계로 나아가는 서양 선박에 비타민 C가 있었다면, 일본 선박에는 정로환이 있었다고 볼 수 있지요. 러일 전쟁 이후 일본은 더욱 군사력을 키워 제1차 세계 대전 당시에는 세계 4대 군사 강국으로까지 성장했습니다.

페니실린의 발견

질병의 역사에서 스페인 독감이 남긴 가장 의미 있는 결과물은 '페니실린의 발견'이에요. 1933년까지 사람들은 바이러스가 아니라 박테리아 때문에 독감이 생긴다고 생각했어요. 미생물학자 알렉산더 플레밍도 마찬가지였지요.

1928년 플레밍은 스페인 독감을 일으키는 박테리아를 찾는 실험을 하고 있었어요. 실험 기간에 그는 잠시 휴가를 갔는데, 돌아와 보니 배양 접시가 오염되어 있었어요. 옆 실험실에서 날아온 다른 박테리아 포자(푸른곰팡이)가 플레밍의 배양 접시에 내려앉아 있었던 거예요. 그런데 푸른 곰팡이가 들어간 배양 접시를 살펴보니 푸른 곰팡이 주변의 박테리아가 죽어 있는 거예요. 플레밍은 푸른곰팡이의 포자가 다른 박테리아의 성장을 억제하는 독성 물질을 방출한다는 것을 발견했어요. 세계 최초로 항생 물질이 발견되는 순간이었지요. 플레밍은 병원체인 박테리아를 죽이는 그 물질을 '페니실린'이라고 불렀어요. 바야흐로 인류에게 항생제의 시대가 열린 것입니다.

하지만 항생제는 바이러스에는 쓸모가 없어요. 즉 스페인 독감 같은 바이러스 감염에는 전혀 효과가 없지요. 항생제는 세균(박테리아)을 죽이거나, 세균의 성장과 번식을 억제하는 물질이에요. 페니실린은 세균의 세포벽을 만들지 못하게 하는데, 세포벽이 없는 세포는 삼투압에 취약해져서 생존이 어려워지지요. 그런 세균들은 혈액이나 간질액 같은 우리 몸속 세포 바깥에 살고 있어요. 하지만 바이러스는 세균보다 훨씬 작고, 세포 안에 들어와 살지요. 항생 물질은 세포 안으로 들어가지 못하기 때문에 바이러스에는 영향을 끼치지 못해요.

바이러스도 백신이나 치료제를 만들 수 있어요. 바이러스가 세포 안으로 들어오지 못하게 하는 예방용 백신을 만들거나, 우리 몸속 세포 안에서 증식할 때 바이러스의 복제 과정을 차단하는 치료용 백신을 만들 수 있지요. 대표적인 성공 사례는 C형 간염 바이러스 치료제예요. 우리 몸속 세포는 외벽에 나와 있는 수용체와 바이러스 외피에 있는 스파이크가 자물쇠와 열쇠처럼 딱 맞아야 바이러스를 세포 안으로 들어오게 해 준답니다. 바이러스가 변이한다는 건 이 수용체와 스파이크가 서로 맞도록 모양이 달라진 후손을 만들어 낸다는 거예요. 바이러스의 생존 전략인 셈이지요.

박테리아	바이러스
• 매우 작지만 현미경으로 볼 수 있다. • 보통 단세포 생명체다. 인간의 몸속에도 있고, 동물과 식물에 기생해서 살아가기도 한다. 그 밖의 음식물이나 똥 등 영양분이 있는 곳은 어디에든 살 수 있다. • 유산균, 효모균처럼 우리에게 도움이 되는 균도 있다.	• 매우매우 작다. 박테리아보다 1000배 정도 더 작다. 초현미경으로 봐야 볼 수 있다. • 생물이기도 하고 무생물이기도 하다. 반드시 살아 있는 숙주가 있어야 번식할 수 있다. 이, 쥐, 낙타, 박쥐가 숙주가 되기도 한다. 숙주의 몸 밖으로 나오면 죽는다. 코로나도 몸 밖으로 나오면 보통 3시간이면 죽는다. • 대개 질병을 일으키는 병원균이 많다.

치료 약도 백신도 없는 감기

1918년에 스페인 독감이 유행할 당시 사람들은 그저 독한 감기에 걸렸다고 생각했어요. 감기가 박테리아에 의해 발생하는 줄 알았지요. 1933년에 이르러서야 사람들은 감기가 바이러스에 의한 질병이라는 것을 알게 되었어요. 감기와 독감은 둘 다 바이러스에 의해 일어나는 질병이지만 완전히 다른 종류예요. 같은 과일이지만 사과와 오렌지가 다른 것처럼요. 그래서 독감 백신이 감기에는 전혀 효과가 없는 거예요.

감기는 리노바이러스에 의해 기침과 콧물 같은 증상들이 생겨요. 1960년대에 감기를 일으키는 리노바이러스를 분리하는 데 성공했어요. 천연두나 소아마비처럼 백신이나 치료제도 곧 나오게 될 거라고 모두가 들떴지요. 하지만 리노바이러스는 변종이 무려 100여 개나 있었어요. 즉 100여 개가 전부 조금씩 다른 바이러스였지요. 게다가 리노바이러스 말고도 기침과 콧물 같은 감기 증상을 일으키는 전혀 다른 바이러스가 100여 개나 더 있다고 해요. 그래서 감기는 치료제도 백신도 없답니다. 앞으로도 개발이 거의 불가능하다고 해요. 감기를 일으키는 바이러스의 종류가 너무 많기 때문이지요. 그럼 감기에 걸렸을 때 우리가 먹는 약은 뭘까요? 감기는 복합적인 질병이라서 원인을 찾아 해결하지는 못해요. 그래서 증상에 따라 치료 효과를 내는 약을 먹는 것일 뿐이랍니다.

독감의 원인은 인플루엔자 바이러스

독감을 일으키는 건 인플루엔자 바이러스예요. 인플루엔자 바이러스도 코로나바이러스처럼 왕관(코로나) 모양이에요. 즉 요즘 유행하는 코로나바이러스는 인플루엔자 바이러스의 후손이라고 할 수 있어요. 인플루엔자 바이러스가 여러 번 변이를 거쳐 만들어진 새로운 변종 코로나바이러스인 셈이지요. 바이러스의 모양이 조금만 달라져도 기존에 사용하던 백신이 효과가 없는 경우가 많아요. 세계보건기구에서는 모든 바이러스를 잡을 수 있는 만능 백신을 만들어 보려고 했지만 아직까지 성공하지 못했어요. 인플루엔자 바이러스에는 A형, B형, C형이 있어요. 주로 A형과 B형이 사람에게 급성 호흡기 질병인 독감을 일으키지요. C형은 감염이 되어도 병적인 증상이 거의 없어요. 그래서 국가에서는 해마다 어떤 바이러스가 유행할지 예측하고, 사람들에게 백신 예방 접종을 권한답니다.

▼인플루엔자(독감)와 감기의 감별 진단

		인플루엔자	감기
원인		인플루엔자 A, B, 바이러스	리노바이러스 등 200여 가지
증상	시작	갑자기	서서히
	고열	고열(39℃ 이상)	드물다.
	기침, 흉통	흔하며, 심하다.	약하다.
	콧물/코막힘, 인후통	때때로	흔하다.
	두통, 전신통, 근육통	흔하며, 심한 몸살 증상이 나타난다.	약하다.
	피로/쇠약감	2~3주 지속된다.	약하다.
합병증		폐렴, 기저 질환 악화, 건강에 치명적이다.	드물다. 소아에서 부비동 충혈, 귀 통증
치료 약		항바이러스제(타미플루, 리렌자)	병의 증상에 따라 처리한다(대증요법).
예방약		인플루엔자 백신, 항바이러스제	없다.

(출처 : 국가건강정보포털 의학 정보)

7. 더 빨리, 더 많이, 더 멀리

1960년 말 과학자들은 들떠 있었어요. 천연두가 사라지고, 소아마비도 치료할 수 있었어요. 결핵과 홍역도 점차 사라지고, 말라리아와 황열병도 통제할 수 있었지요. 생물과 무생물의 경계에 있는 바이러스들도 속속 발견되었어요.

전문가들은 오랫동안 인류를 괴롭혀 온 전염병들을 없애 버리자고 했고, 이를 위해 세계무역기구와 세계적 제약 회사들이 함께 프로젝트를 진행했어요. 인류는 결국 천연두를 일으키는 천연두 바이러스를 지구에서 없앴어요.(미국과 러시아의 연구실 냉동실에 있는 것만 제외하고요.) 하지만 이것이 인류가 바이러스와의 전쟁에서 거둔 유일하고 완벽한 성공이었어요. 얼마 지나지 않아 바이러스를 없애려는 시도가 오만이었다는 걸 깨달았지요.

오늘날 지구에는 40억 년간의 생존 경쟁을 통해 살아남은 800만여 종의 생명체가 있어요. 그중 절반이 미생물이에요. 우리가 알고 있는 바이러스는 약 6,000여 종으로 그중에서 병을 일으키는 건 1퍼센트도 되지 않아요. 그런데 바이러스는 자기 혼자서는 생존할 수 없어요. 반드시 다른 생물이 필요하지요.

바이러스는 살아 있는 다른 생물의 세포 속 장치를 이용해서 자기 자신을 복제해요. 바이러스의 숫자가 늘어나는 게 바이러스에게는 후손을 남기는 일이지요. 그래서 전문 용어로 바이러스를 '절대 세포 내 기생체'라고 해요. 그래서 바이러스는 보통 자연 숙주인 생물과 상호 의존적인 공생 관계를 이루며 산답니다. 그게 오랜 진화의 결과로 만들어진 자연 숙주와 기생체의 관계이지요. 지구상의 생명체는 보통 하나 이상의 바이러스를 품고 아무런 문제없이 살아가고 있어요. 세상을 떠들썩하게 한 코로나바이러스의 경우 박쥐가 자연 숙주에 해당하지요.

혼자서는 생존할 수 없는 바이러스의 특성을 이용해 우리는 백신이나 치료제를 만들고 있어요. 바이러스가 세포 안에 들어오지 못하게 하거나 자기 복제를 하지 못하게 하는 거예요. 그러면 바이러스는 살아남기 위해 변종 바이러스를 만들어 내요. 이 변종 바이러스가 백신과 치료제를 무력화시키지요. 우리는 또 변종 바이러스에 대항하는 백신을 만들어야만 해요. 중증 급성 호흡기 증후군(사스)이나 중동 호흡기 증후군(메르스), 그리고 코로나19 모두 같은 코로나바이러스의 변종이에요. 사스의 치료제가 코로나19에 아무런 효과가 없는 건 변종이기 때문이지요. 아직 모든 바이러스를 잡을 수 있는 만능 백신이나 치료제는 없어요.

우리 의료 기술이 발달할수록 바이러스도 진화하고 있어요. 의료 기술과 질병 간의 경쟁은 어느 한쪽의 절대적인 승리나 패배로 기울어지지 않고 있어요. 과거에는 세균과 싸웠다면, 지금은 그 대상이 바이러스로 옮겨졌다고 할 수 있지요. 어쩌면 인간과 바이러스 간의 상호 공존 전략이 필요한 시기일지도 모릅니다.

발달하는 의료 기술과 진화하는 미생물들

전염병과 싸우며 인류는 항균제, 항생제, 항바이러스제와 같은 많은 치료 물질을 만들어 냈어요. 하지만 박테리아도 살아남기 위해 끊임없이 변화했고, 항생제에 죽지 않는 새로운 모습으로 인류에게 다시 돌아왔습니다.

결핵의 역사를 잠시 살펴보면 1882년 로베르트 코흐에 의해 결핵균이 발견되고, 1906년 최초의 결핵 예방 백신인 'BCG'가 나왔어요. B는 박테리아를 뜻하고, CG는 이 백신을 개발한 세균학자 칼메트와 게랭의 머릿글자를 따서 붙인 이름이에요. 1921년에는 프랑스에서, 제2차 세계 대전 후에는 미국, 영국, 독일에서 결핵 백신을 접종했어요. 이후로는 세계 곳곳에서 널

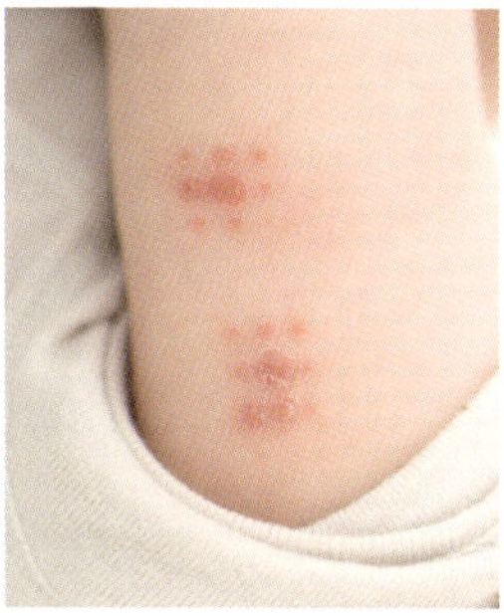
▲BCG 백신

리 예방 주사를 맞았지요. 우리나라에서는 태어난 지 1개월 안에 BCG 접종을 하게 되어 있으니, 여러분도 아기일 때 결핵 예방 주사를 맞았을 거예요. 그리고 1946년에는 결핵의 치료제인 항생제 스트렙토마이신이 개발되었어요. 백신과 치료제의 개발로 이제 결핵은 지구상에서 완전히 사라질 것처럼 보였어요. 실제 결핵 요양소들이 하나둘 문을 닫았지요.

그런데 1980년대에 항생제에 내성이 있는, 즉 결핵 치료제인 스트렙토마이신으로는 죽지 않는 결핵 박테리아 변종들이 나오기 시작했어요. 다시금 결핵 환자들이 서서히 증가했어요. 그러다가 1992년 소비에트 연방(구소련, 현재의 러시아)이 해체되면서 혼란한 사회에서 벗어나고자 했던 난민들이 전 세계로 흩어졌어요. 이들과 함께 결핵도 전 세계로 퍼졌지요. 아마도 이때 소련의 의료 체계가 붕괴하면서 제대로 치료받지 못한 결핵 보균자들이 많았나 봐요. 1993년 세계보건기구는 세계적인 보건 비상사태를 선포했답니다. 1982년에는 결핵 예방과 조기 발견을 위해 '세계 결핵의 날'

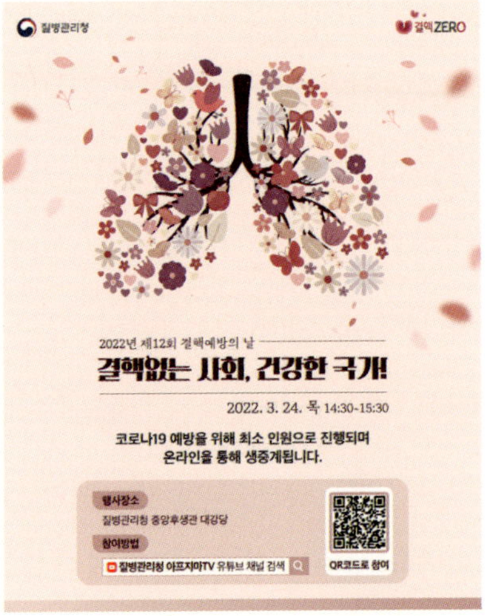

▲제12회 결핵 예방의 날 포스터

이 지정되었어요. 우리나라도 2011년부터 정부 차원에서 '결핵 예방의 날' 행사를 개최하는 등 결핵을 예방하기 위한 노력을 하고 있지요.

그런데 바이러스는 박테리아보다 몸집이 훨씬 작고, 변이를 일으키는 시간도 빨라요. 변종이 나올 확률도 박테리아보다 훨씬 높지요. 하지만 그렇다고 해서 두 손 놓고 가만히 있을 수는 없겠지요?

2004년 12월 26일 동남아시아 대지진으로 인한 거대한 해일이 발생해서 약 15만 명의 사람들이 파도에 휩쓸려 죽고 말았어요. 부상자들은 더 많았지요. 상처 부위가 빠르게 곪아 갔지만 깨끗한 물, 비누, 붕대, 항생제는 제대로 공급되지 않았어요. 의사들은 환자들을 살리기 위해 그들의 팔다리를 잘라야만 했어요. 1,000원도 되지 않는 작은 알약, 항생제를 구할 수가 없었기 때문에요. 항생제가 없는 시대로 돌아간다는 건 이런 상태를 말해요.

간혹 항생제에 내성이 생긴 슈퍼 박테리아의 등장에 겁을 내며 약을 먹지 않는 사람들이 있어요. 또한 부작용을 들먹이면서 예방 접종을 거부하는 사람들도 있지요. 하지만 이건 매우 위험한 일이에요. 나뿐만이 아니라 우리의 이웃에게 병을 전염시킬 수 있으니까요.

우리의 의료 기술이 발달할수록 미생물들도 계속 진화해요. 우리는 《거울 나라의 앨리스》에 등장하는 붉은 여왕처럼 계속 달려 나가야만 해요. 깨끗한 환경과 의료 기술을 계속 발전시키며 나아가야 하지요. 그렇지 않으면 삶과 죽음을 신에게 맡긴 채 살아남길 기도하는 중세 시대와 뭐가 다르겠어요.

바이러스의 출현과 재출현

1918년 전 세계를 휩쓸었던 스페인 독감이 백 년이 지난 2009년 '신종 인플루엔자(신종 플루)'라는 이름으로 다시 돌아왔어요. 신종 플루를 일으킨 인플루엔자 바이러스는 스페인 독감을 일으킨 인플루엔자의 후손이에요. 바이러스의 변종이 일어났을 뿐인데 우리에게는 새로운 질병으로 다가왔지요.

변이와 변종은 바이러스가 생존하기 위해 선택하는 방법으로, 서로 다른 의미예요. 변종은 사스나 메르스처럼 아예 종이 다른 모습으로 변하는 걸 말해요. 하지만 변이는 일종의 돌연변이로 종이 달라지지는 않지요. 미생물은 암수 구별이 없어서 숙주의 세포 내 기관을 이용해 자기 자신을 복제해요. 자기랑 똑같은 후손을 만들어 내는 거지요. 종이 오래 생존하려면 다양성이 중요한데, 자기와 100퍼센트 똑같은 후손을 만들었으니, 위험한 일이라고 할 수 있지요.

그래서 바이러스는 복제의 실패인 돌연변이를 만들어 냅니다.

고등 생물들에게 돌연변이는 매우 드문 현상이지만 미생물인 바이러스에게 변이는 아주 빈번하게 일어나는 일이에요. 증식하는 속도가 빠르다 보니 복제가 실패할 확률이 높아서 그렇답니다. 그렇게 만들어진 돌연변이들이 모두 병을 일으키는 건 아니에요. 대부분은 거의 아무런 의미가 없지요. 미생물이 생존을 위해 선택한 진화 방법일 뿐이니까요.

조류 인플루엔자 바이러스는 조류에게, 사람 인플루엔자 바이러스는 사람에게만 감염을 일으켜요. 다른 종으로는 전이가 쉽게 일어나지 않지요. 조류와 포유류(인간)는 종이 달라서 세포 외벽의 수용체가 많이 다르기 때문이에요.

그런데 어떻게 동시 감염이 일어난 걸까요? 조류 인플루엔자 바이러스(AI)는 물새나 철새 같은 야생 조류를 자연 숙주로 삼고, 아마도 오랫동안 기생충과 숙주 정도의 관계로 살아왔던 것 같아요. 하지만 물새나 철새들의 배설물에 섞여 나온 바이러스가 닭처럼 가축화된 조류에게로 전염되면서부터는 고위험성 바이러스로 바뀐 걸로 보여요. 닭, 오리, 거위, 칠면조 등 가축화된 조류들이 AI에 걸려 한꺼번에 많이 죽었지요. 한때 과학자들은 AI가 인간에게는 쉽게 감염을 일으키지 않을 거라고 생각했어요. 종이 서로 다른 생명체들끼리 전이가 되려면 3단계의 열쇠가 필요했기 때문이지요. 3단계의 열쇠는 다음과 같아요.

1단계 유전자 변이: RNA 혹은 DNA가 변한다.

2단계 단백질 변이: 바이러스 외피의 돌기, 즉 스파이크가 변한다.

3단계 생화학적 특성 변이: 기능이 변한다.

이 단계가 모두 일치해야만 하지요. 그런데 불행히도 아주 적은 확률의 우연이 발생했어요. 새와 사람 사이에 돼지가 있었기 때문었지요.

돼지에는 조류를 숙주로 삼는 바이러스와 사람을 숙주로 삼은 바이러스의 유전 물질의 일부가 함께 있어요. 그래서 돼지를 바이러스 혼합 용기라고 부르기도 해요. 간단히 말해 새에게서 돼지로, 돼지에게서 사람으로 전이된 것으로 보고 있어요.

1918년 스페인 독감으로 인플루엔자는 사람을 숙주로 삼기 시작했어요. 인간 인플루엔자로 자리를 잡은 바이러스는 또다시 조금씩 변이를 하고 있었겠지요. 바이러스에게 변이는 일상이니까요. 보통 인간에게는 의미 없는 변이가 대부분이지만, 10년을 주기로 한 번씩 엄청난 전파력이 있는 대변이가 일어난다고 해요.

1957년 아시아에서 독감이 대유행했고 1968년 홍콩 독감이 유행했지요. 1991년에 또다시 홍콩에 독감이 발생했고, 2004년 아시아 독감이 발생했을 땐, 혹시나 질병을 보유하고 있을지 모른다면서 엄청난 수의 닭을 땅에 묻었어요. 그리고 2009년 신종 플루가 나타났어요.

점점 대변이의 주기가 짧아지고 있어요. 많은 과학자들이 앞으로 지금까지 본 적 없는 새로운 바이러스가 등장할 것이고, 바이러스의 변이로 치명적인 유행병이 돌 거라고 경고했어요. 그때는 스페인 독감보다 더 큰 희생을 치를지도 모른다고 했지요. 그리고는 2020년 우리는 코로나바이러스를 마주하게 되었어요.

코로나바이러스의 대유행

코로나바이러스가 대유행하면서 박쥐가 주목을 받고 있어요. 사실 박쥐에게서 유래한 바이러스는 코로나19, 사스, 메르스, 에볼라, 니파, 헨드라, 광견병 바이러스 등 다양해요. 박쥐의 몸에는 137개의 바이러스가 있고 그중 코로나바이러스도 60여 개나 되지요. 인간에게 병을 일으키는 코로나바이러스도 여섯 종이나 있지만 대부분 병독성이 약해서 큰 의미가 없다고 해요.

그런데 이렇게 많은 종류의 바이러스를 가지고 있는 박쥐는 어떻게 괜찮은 걸까요? 오랜 진화의 결과로 박쥐의 몸에는 항바이러스 물질인 인터페론이 항상 일정 수준으로 유지되기 때문이에요. 항바이러스 물질은 바이러스 외피에 있는 스파이크의 모양을 변형시켜서 바이러스가 생물의 세포 안으로 들어오지 못하게

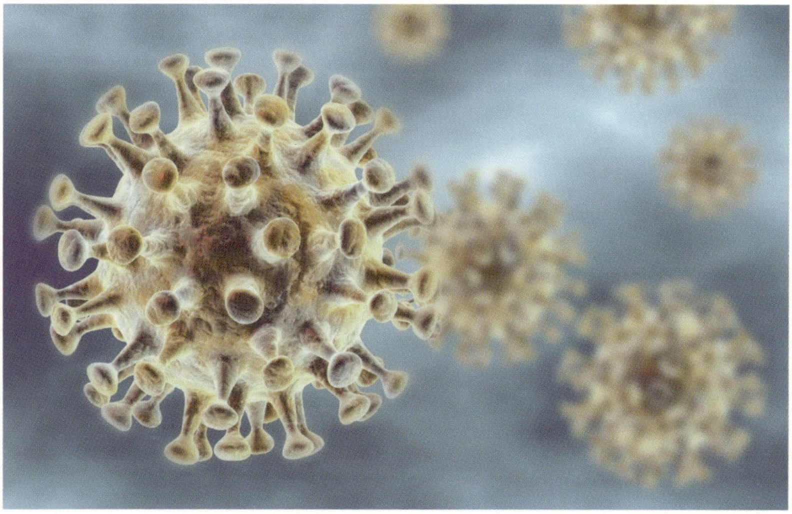

▲코로나바이러스

해 줍니다. 몸에 인터페론이 항상 있는 박쥐와 달리 사람은 외부에서 바이러스가 침입을 해야만 인터페론이 만들어지기 시작하지요.

박쥐의 코로나바이러스가 사람의 몸속에 들어온다고 해도 대부분은 우리 세포 안으로는 들어올 수 없어요. 바이러스 외피에 난 스파이크와 우리 세포 외벽에 있는 단백질 수용체의 모양이 맞지 않기 때문이에요. 앞에서 바이러스 외피의 스파이크와 우리 몸속 세포 표면에 있는 수용체의 모양이 자물쇠와 열쇠처럼 딱 맞아야 바이러스가 우리 세포에 들어올 수 있다고 했지요? 하지만 이런 경우는 흔하지 않아요. 대부분 다른 동물의 바이러스 단백질과 인간 수용체의 결합력은 매우 낮답니다. 그래서 동물

의 바이러스가 사람에게 잘 전이되지 않았던 거예요. 그런데 원래 박쥐에게서만 발견되던 바이러스가 우연한 기회에 사람의 수용체에 결합할 수 있는 형태의 스파이크를 가진 돌연변이를 만들어 냈어요.

박쥐의 몸에 있던 코로나바이러스가 중간 숙주 동물을 거쳐 새로운 변종 코로나바이러스가 탄생한 것이지요. 사람들은 그 우연한 기회를 만들어 준 중간 매개체 동물이 사향고양이, 낙타, 천산갑이 아닐까 추정하고 있어요. 새로운 변종 코로나바이러스는 인간의 몸속 세포로 들어와 급성 호흡기 질병을 일으켰어요. 그게 바로 2003년 사스와 2015년 메르스의 대유행이었지요. 그리고 2020년부터 전 세계는 새로운 코로나바이러스로 힘든 시기를 보내고 있어요.

우리에게 코로나를 전파한 박쥐들을 모조리 없애면 이 상황이 해결될까요? 1900년대 파나마 운하를 개척할 때 많은 노동자들이 말라리아에 걸려 죽었어요. 프랑스가 더 이상의 인건비 상승을 감당할 수 없어서 운하 사업에서 손을 뗐을 때 미국은 말라리아를 전파하는 모기의 상태를 연구했어요. 그리고 파나마시티에서 대대적인 모기 퇴치 사업을 벌였지요. 이로 인해 말라리아로 병에 걸리는 노동자들이 줄었고, 미국은 파나마 운하를 성공적으로 건설할 수 있었어요. 하지만 전 세계의 모기를 없앨 수는 없었고 말라리아 환자는 오늘날에도 발생하고 있습니다.

그런데 이상하지 않나요? 박쥐는 모기처럼 사람에게 날아오지 않아요. 오히려 사람을 피하지요. 그런데 어떻게 사람에게 코로나바이러스를 전파했을까요? 코로나바이러스를 끌어온 건 사람이었습니다. 사람들이 '개발'을 이유로 박쥐의 서식지를 파괴하거나, 야생의 박쥐를 잡아서 판매하는 방식으로 박쥐를 우리 가까이에 가져다 놓았어요. 박쥐 몸속에 있는 바이러스들과 함께 말이지요. 이 때문에 코로나19로 인한 팬데믹을 사람에 의해 일어난 재난이라고 말하기도 해요.

박쥐를 완전히 없애는 일은 가능하지도 않지만, 만약 가능하다 해도 해서는 안 돼요. 박쥐가 사라지면 생태계에 어떤 일이 일어날지 알 수 없기 때문이지요. 모든 생태계는 연결되어 있어요. 생태계의 일부인 박쥐가 사라지면 어떤 일이 일어날지 아무도 알 수 없어요. 우리가 개발을 추구하면서도 생태계의 균형을 유지해야 하는 이유랍니다.

새로운 미생물의 등장

지구에는 아직도 인류가 가 보지 못한 곳이 많아요. 울창한 열대 우림과 차가운 빙하 지대, 그리고 깊은 바닷속이 있지요. 고온다습한 열대 우림에서 살고 있던 어떤 미생물은 단 한 번도 인간을 본 적이 없었을 거예요. 큰 나무들이 빽빽하게 들어선 밀림은 인간들이 살기에 적합하지 않았기 때문이지요. 그런데 인간들이 밀림을 개발하기 시작했어요. 지금도 점점 더 많은 밀림이 농경지로 바뀌어 가고 있어요. 열대 우림에 살고 있던 어떤 미생물에게는 인류라는 새로운 숙주가 생긴 셈이지요. 1976년 서아프리카에서 발병한 에볼라 바이러스와 니파 바이러스가 바로 그런 경우입니다. 삼림의 파괴, 대규모 농업, 공장식 축산 등으로 바이러스는 인간에게 좀 더 쉽게 다가오고 있어요. 21세기는 사람도 동물도 같이 병에 걸리는 '인수 공통 전염병'의 전성기가 되어 버렸지요.

또한 지구 온난화로 수만 년 동안 얼어붙어 있던 빙하가 빠른 속도로 녹고 있어요. 그 속에 묻혀 있던 우리가 몰랐던 수많은 고대의 미생물이 풀려났을지도 모릅니다. 과학자들은 시베리아의 동토와 빙하 속 미생물들을 걱정하고 있어요.

21세기 지구촌이라는 말이 생기기가 무섭게 전 세계가 하나로 묶였어요. 점점 더 빠르게, 더 멀리, 더 많은 사람과 물건, 정보들이 오고 가지요. 하지만 부유한 나라와 가난한 나라의 격차는 더 크게 벌어지고 있어요. 같은 나라에서도 더 많은 것을 누리는 사람과 그렇지 못한 사람으로 나뉘고 있지요. 돈이 많은 사람 중 일부는 질병에 걸려 치료를 받을 때도 가난한 사람들보다 더 좋은 의료 환경과 혜택을 받으려고 해요. 비싼 값을 내고 더 좋은

의료 서비스를 받겠다는 것이지요.

하지만 질병의 위험에 더 많이 노출되는 건 가난한 사람들이에요. 가난을 벗어나기 위해 사람들이 꺼리는 비위생적이거나 위험한 일들을 하고, 농사를 짓기 위해 밀림을 불태울 수밖에 없어요. 이러한 틈을 병원성 미생물이 그냥 지나칠 리 없지요. 박테리아나 바이러스가 볼 때는 숙주일 뿐이니까요.

감염병은 언뜻 보면 개인적인 일로 보이지만 사실은 우리의 정치·사회·경제와 매우 밀접한 관계에 놓인 사회적인 문제예요. 앞서 살펴보았듯 전염병은 일부 지역, 일부 세대에서만 일어나는 사건이 절대 아니에요. 지금 새롭게 등장하여 우리를 괴롭히고 있는 코로나19가 보여 주듯이 이제 모든 인류는 하나의 공동체로서 바이러스에 대응해야 해요. 오늘날 한번 전염병이 돌기 시작하면 더 빠르게 더 멀리, 더 많은 사람에게 감염됩니다. 이런 추세는 앞으로 더욱 심화될 거예요. 우리가 이 모든 일을 모르는 체하거나 절대로 외면해서 안 되는 이유이지요. 이제 우리는 그들과 함께 살아가는 방식을 생각해 보아야 해요. 인류 문명의 발전 방향을 일방적인 파괴와 탈취가 아닌 상호 공존의 전략으로 바꾸지 않는다면 우리는 앞으로도 더 많은 바이러스와 마주하게 되겠지요. 다가올 미래는 우리의 선택에 달려 있습니다.

자, 이제 다시 시작이에요.

참고 문헌

김우주 지음, 《신종 바이러스의 습격》, 반니, 2020

브린 바너드 지음, 《세계사를 바꾼 전염병들》, 김율희 옮김, 다른, 2006

앤 러브, 제인 드레이크 글, 《당신이 살아 있는 진짜 이유》, 이윤진 옮김, 내인생의책, 2017

오카다 하루에 지음, 《세상을 뒤흔든 질병과 치유의 역사》, 황명섭 옮김, 상상채널, 2017

윌리엄 맥닐 지음, 《전염병의 세계사》, 김우영 옮김, 이산, 2005

제니퍼 라이트 지음, 《세계사를 바꾼 전염병 13가지》, 이규원 옮김, 산처럼, 2020

타일러 J. 모리슨 지음, 《코로나19 우리가 알아야 할 사실들》, 홍유진 옮김, 열린책들, 2020

투퀴디데스 지음, 《펠로폰네소스 전쟁사》, 천병희 옮김, 숲, 2011

황상익 지음, 《콜럼버스의 교환》, 을유문화사, 2014

'바이러스 전쟁 1부-바이러스 X', 〈KBS 다큐인사이트〉, 2020.06.10

'코로나19 완전 종식, 결국 "이것"이 문제..?!', KAOS Science 서울대 면역 긴급 특강, 2020. 6. 12.

사진 출처

11쪽 레이우엔훅의 현미경 [출처] 위키미디어 CC BY-SA 3.0

11쪽 레이우엔훅의 현미경 복제품 [출처] 위키미디어 CC BY-SA 4.0

12쪽 백조목 플라스크 [출처] 위키미디어 CC BY-SA 4.0

14쪽 알렉산더 플레밍이 받은 노벨상 메달 [출처] 위키미디어 CC BY-SA 2.0

67쪽 케찰코아틀 [출처] 위키미디어 CC BY 3.0

85쪽 제임스 길레이의 그림 [출처] 위키미디어 CC BY 4.0

111쪽 키니네 약병 [출처] 위키미디어 CC BY 4.0